改訂新版

これで充分
トラベル
英会話

外山純子

日本文芸社

はじめに

　裏通りを抜け、見知らぬ街を歩くドキドキ感。カフェで道ゆく人を眺め街の匂いを感じたり、時の陰影を染み込ませた古い建築や絵画の前で立ちつくしたり、列車に飛び乗り一面のひまわり畑を見に行ったり……自分の体ひとつでこの地球を軽やかに歩けたらどんなに素敵なことでしょう。私もかつてそんな思いで英語を学んだひとりです。

　この本は、異国の街を自由に歩こうとする方のために、実用と現場主義をコンセプトに作られたものです。旅の場面で使える英語表現はもとより、現地で役立つ生きた情報やアドバイスを豊富に載せ、言葉とインフォメーションの両サイドから、旅する人をサポートすることをめざしました。

　実際の旅では、会話だけでなく読み書きシーンも登場します。生の資料に少しでも多く接していただくために、入国カード、ホテルの宿泊カード、オーダーシート、請求書など、図版や資料は可能なかぎり実際に現地で使われているものを用いてコメントしました。

　本書は個人旅行の場面を想定して書かれたものですが、ツアーのフリータイムで利用できる表現もたくさん盛り込んでいます。また出発編は、海外からの出国場面で使っていただけると考え、あえて英語で取り上げることにしました。

　ちょっと勇気を出して話してみれば、かたくなに行く手を阻んでいた言葉や習慣の壁はほろりと崩れ、街はあなたを受け入れ始めます。

　いっぱいの好奇心と柔らかい心をもって、あなただけの旅をつくってください。この本がその一助となれば幸いです。

著　者

本書の特徴と使い方

■これだけでOK！ よくでるフレーズベストテン
ホテル、レストランなど、旅の場面別に、よくでるシンプルなフレーズを10に絞り、各PARTの初めに載せました。この表現を使えば、たいていの場面を切り抜けることができますので、ぜひ身につけてください。

■豊富な文例
旅のあらゆる場面ででてくる表現を豊富に載せました。どう言ったらいいのかわからないとき、場面別の表現辞典としても使うことができます。

■ INFORMATION
知っておくと便利な旅の情報やアドバイスを豊富に載せました。現地で実際目にする生の資料を使い、ダイレクトな旅の情報提供を試みました。

■図解 Information
宿泊カードの書き方、レストランメニューや請求書の読み方など、現地の資料に慣れ、読み書きのセンスが身につけられるように多くの図版を使ってビジュアルに解説しました。

■ワードマーケット
各PARTの終わりに、そのPARTに関連した単語をまとめました。

■カタカナの発音ルビ付き
英語に慣れない人でもすぐ発音できるように、ポイントとなる表現・単語にカタカナの発音ルビを付けました。太字の部分は特に強く読む部分です。

表記上の注意

●会話表現の中の色がかかった部分は相手の表現、色抜きの部分は自分の表現、というふうに区分してあります。

〈例〉	コーヒーはいかがですか。	**Would you like some coffee?** ウッジュー ライク サム コーフィ♪
	はい、お願いします。	**Yes, please.** イェス プリーズ

●英文中、[ ]の語句は直前の語句と言い換え可能であることを示します。
●英文中、( )の語句は主として省略可能であることを示します。
●単語とその発音はアメリカ英語をベースにしていますが、特にイギリスで使われている単語には《英》と表記してあります。

PART	●INDEX
1	旅の準備編
2	出発編
3	到着編
4	ホテル編
5	レストラン編
6	交通手段編
7	観光・遊び編
8	ショッピング編
9	電話・郵便編
10	トラブル編
11	帰国編

● 右にある INDEX は見たいと思う PART がすぐ引き出せるように、各 PART ごとに区切りを付けたものです。ぜひ活用なさってください。

CONTENTS

はじめに [1]
本書の特徴と使い方 [2]

PART 1・旅の準備編 —————— 9
旅の準備アドバイス ……………………………………10
①パスポートの英語を知っておこう …………………12
②Eチケット控えの読み方 ……………………………14
③搭乗券の読み方 ………………………………………16
④飛行機の時刻表の読み方 ……………………………18
⑤鉄道時刻表の読み方 …………………………………20
⑥出入国カードの書き方 ………………………………22
⑦税関申告書の書き方 …………………………………24

PART 2・出発編 —————————— 25
これだけで OK! よくでるフレーズベストテン ……26
空港でチェックイン ……………………………………28
出国手続き ………………………………………………29
機内で——搭乗する ……………………………………30
機内で——機内サービス ………………………………34
機内で——到着の準備 …………………………………37
トランジットと乗り継ぎ ………………………………38
出発編ワードマーケット ………………………………40

PART 3・到着編 —————————— 41
これだけで OK! よくでるフレーズベストテン ……42
入国審査 …………………………………………………44
荷物を受け取る …………………………………………46
税関にて …………………………………………………48
両替 ………………………………………………………49
ツーリスト・インフォメーションを利用する ………52
空港から市内へ …………………………………………54
到着編ワードマーケット ………………………………55

PART 4・ホテル編 ————————— 57
これだけで OK! よくでるフレーズベストテン ……58
予約する …………………………………………………60
チェックイン ……………………………………………62

部屋のトラブル	64
ホテルのサービスを利用する	66
ルームサービスを頼む	70
クリーニングを頼む	72
美容院で	75
チェックアウト	76
ホテル編ワードマーケット	79

PART 5・レストラン編 — 81
これだけでOK! よくでるフレーズベストテン	82
レストランを探す・予約する	84
レストランに入る	86
レストランで——食事を注文する	87
レストランで——食事中に	91
レストランで——支払い	93
バーで	96
ファーストフードの店で	97
レストラン編ワードマーケット	100

PART 6・交通手段編 — 105
これだけでOK! よくでるフレーズベストテン	106
タクシーに乗る	108
地下鉄に乗る	110
バス・市電に乗る	114
列車に乗る	115
船の旅	118
レンタカーを借りる	120
ドライブで	123
交通手段編ワードマーケット	126

PART 7・観光・遊び編 — 129
これだけでOK! よくでるフレーズベストテン	130
道をたずねる	132
ツーリスト・インフォメーション	135
現地ツアーを利用する	137
写真を撮る	139
美術館・博物館で	140

CONTENTS

劇・ミュージカル・コンサートなどの予約 …………………142
ナイトクラブ …………………………………………………144
カジノ …………………………………………………………146
スポーツ観戦 …………………………………………………147
スポーツをする──ゴルフ、テニス、マリンスポーツ、スキー …148
観光・遊び編ワードマーケット ……………………………151

PART 8・ショッピング編 ───────────153
これだけでOK! よくでるフレーズベストテン …………154
店を探す ………………………………………………………156
店で品物を選ぶ ………………………………………………157
サイズを直す …………………………………………………165
上手に値切る …………………………………………………167
支払う …………………………………………………………168
免税手続きの書類をもらう …………………………………169
包装・配達を頼む ……………………………………………171
返品する ………………………………………………………172
ショッピング編ワードマーケット …………………………173

PART 9・電話・郵便編 ───────────177
これだけでOK! よくでるフレーズベストテン …………178
公衆電話──市内・市外電話 ………………………………180
国際電話 ………………………………………………………183
インターネットを使う ………………………………………187
ファックスを送る ……………………………………………188
郵便を出す ……………………………………………………189
電話・郵便編ワードマーケット ……………………………192

PART 10・トラブル編 ────────────193
これだけでOK! よくでるフレーズベストテン …………194
盗難 ……………………………………………………………196
忘れ物 …………………………………………………………198
紛失と再発行 …………………………………………………199
さまざまなトラブル …………………………………………202
病気になったら ………………………………………………203
病院で …………………………………………………………204
薬局で …………………………………………………………209

交通事故……………………………………………………210
トラブル編ワードマーケット……………………………211

PART 11 ●帰国編 ─────── 215
これだけでOK! よくでるフレーズベストテン ……216
リコンファーム(予約の再確認)…………………………218
予約の変更………………………………………………220
チェックインと免税手続き………………………………221
帰国編ワードマーケット…………………………………222

INFORMATION
・機内誌の上手な利用法…36
・トランジットとは？…38
・トランスファーとは？…39
・ロスト・バゲージになってしまったら？…47
・アメリカ通貨のニックネーム…51
・空港の賢い利用法…53
・ホテルの部屋のタイプ…61
・ホテルのスタッフと役割…66
・快適ホテル滞在法…68
・チップの渡し方のコツ…69
・マナーを知って快適ホテルライフ…74
・レストラン予約を自分で入れよう…85
・海外のミネラルウォーター…92
・マナーの違いを知る──高級レストラン編…94
・一日の元気なスタートは朝食から… 99
・地下鉄を乗りこなそう！…112
・レンタカー保険の種類…122
・アメリカの道路システムと道路標識…124
・海外のトイレ事情…134
・エンターテインメント・ガイド… 145
・マナーを知ってショッピングの達人になろう…160
・衣料と靴のサイズ表…166
・免税システムを知っておこう…170
・公衆電話の使い方…182
・海外から日本へ──国際電話のかけ方…186
・旅先から気ままにエアメール…191
・盗みの手口あれこれ…197
・紛失・盗難の対処法…201
・帰国の準備をしよう…219

図解 Information
・機内の快適シートはここ！…31
・航空機内の座席周辺とトイレ内部…32
・入国の手順…45
・トラベラーズチェックと両替レート表…50
・宿泊カードの記入法…63
・朝食をルームサービスで…71
・クリーニング注文用紙の記入法…73
・ホテルの請求書をチェック…78
・レストランのメニューを読もう…89
・体の部分の名称…205

※本書は日本文芸社刊『自由自在トラベル英会話』をコンパクト版としてまとめたものです。

カバーデザイン●若林繁裕
本文デザイン／レイアウト●加藤正美
本文イラスト●木村裏之
編集協力●オプティマ企画編集室（桂川千津子／塩澤信司）

PART 1
〔旅の準備編〕

旅の準備アドバイス

最新情報は政府観光局で

　各国の政府観光局では都市情報、宿泊施設、イベントなど、さまざまな角度から旅行情報を提供し、地図や美しい写真入りのパンフレットを配布している。インターネットのホームページからも情報が得られ、観光局によっては電子パンフレットを無料でダウンロードできる。首都圏にあるオフィスを直接訪ねてみてもいい。

お得な海外割引航空券を選ぼう

　一般的な割引航空券には、格安航空券と正規割引航空券とがある。格安航空券は利用日によって運賃が変わり、搭乗する航空会社、帰国日、便名、ルートの変更、払い戻しなどができない代わりに料金が安く設定されている。旅行代理店、ウェブ上で広く販売されている。
　一方、正規割引航空券は航空会社が直接販売するチケット。JALの「ダイナミックセイバー」、ANAの「エコ割」などがあり、利用日や種類により限りなく格安航空券に近い安値で提供されている。商品により前日までの予約購入ができる、予約時に座席指定ができるなどのメリットがつくものも。ただし予約変更ができないものも多く、種類によって制限事項が違うので購入前に確認を。正規割引航空券は旅行代理店、航空会社どちらからも予約が可能でウェブ上での購入もできる。航空券はEチケット化に伴い、郵送はもちろんメールでの受け取りも可能になった。

マイレージサービスの特典を利用しよう

　航空会社のマイレージ会員になると、搭乗した飛行距離に応じて無料航空券、座席のグレードアップなどさまざまな特典が得られる。入会は無料、年会費もなく、提携エアラインの利用でもポイントがつき、貯めたマイルをショッピングに使える会社もある。マイレージサービスは航空会社間で業務提携を組む国際的なアライアンスをベースに組まれている。ANAの属する「スターアライアンス」、JALの属する「ワンワールド」、デルタ航空などの「スカイチーム」の3系列がある。それぞれのアライアンスから一社を選んで会員になっておくのが上手にマイルを貯めるポイントだ。

スーツケースの上手なパッキング方法

　小物はファスナー付きの透明なビニール袋やメッシュ袋に、下着、洗面用具など、アイテム別に分けて入れると中身が見えて便利。空港での荷物の扱いは手荒いので、Tシャツをロール巻きにして隙間に入れるなど、全体的にぎっしり詰めると中身が傷まない。

機内に持ち込む液体は小分けしジップロックに入れて準備

2007年以降、液体テロ防止のため日本発を含む多くの国際線で、機内の座席に持ち込む液体物が制限されるようになった。化粧品、ドリンク、歯磨き粉など、ジェル、エアゾールを含む液体が対象になる。機内に持ち込むためには、100ml以内の容器に入れ、それらをまとめてジッパー付きで透明のビニール袋（大きさは20cm×20cm以内）に入れて準備しなければならない。詳細は成田空港、航空会社のホームページなどで確認を。

携行品チェックリスト

必要度A (貴重品)	□パスポート	訪問国のビザが必要かもチェックしておこう
	□Eチケット控え(旅程表)	ツアーではEチケット控えは空港渡しのこともある
	□現金	円で十分だがアフリカ・中南米ではドルが強い
	□クレジットカード	1～2枚あると便利。身分証明書にもなる
	□海外旅行保険証	必要なものだけバラがけにすると経済的
	□イエローカード	予防接種証明書。アフリカなど一部の国で必要
	□国際免許証	レンタカー利用の場合
必要度B (必要度が 高いもの)	□パスポートのコピー	紛失に備え、氏名・写真ページをコピー
	□パスポート用写真	予備に2枚持っていると紛失時の手続きが楽
	□洗面用具	普通のホテルでは歯ブラシやリンスはない
	□着替え	高級レストラン用にはネクタイかジャケットを
	□下着	小物入れに入れて収納
	□パジャマ	Tシャツでも代用可
	□雨具	軽くて小さい傘を1つ
	□化粧品	やはり使い慣れたものがいい
	□生理用品	コンパクトな日本製がベスト
	□薬	常備薬を。案外役に立つのはバンドエイド
	□カメラ	デジカメの充電器も忘れずに
	□プラグ	デジカメなどの充電には国別のプラグが必要
	□目覚まし時計	モーニングコールの信用度は100%ではない
	□スリッパ	欧米のホテルには室内スリッパはないのが普通
	□ガイドブック・地図	必要最小限のものを
	□筆記用具	旅の記録やメモに
必要度C (あると便利/ 人によっては 必需品)	□湯沸かしポット	電圧自動切替え式のもの。国別プラグも必要
	□アーミーナイフ	部屋での軽食や、ワインを開けるときに
	□懐中電灯	停電の恐れのある地域や遺跡の見学用
	□ポケットティッシュ	現地でも買えるが、あると何かと便利
	□ウェットティッシュ	長距離バスなどで水の使えないとき、食事前に
	□虫よけスプレー	熱帯の雨期の旅など地域によっては必携
	□日焼け止め	日差しの強い地方へ行くときに、夏の旅に
	□水着	リゾートの旅に
	□家族やペットの写真	旅先で会話のきっかけに

旅の準備編 1 ── 旅の準備アドバイス

1 PASSPORT
パスポートの英語を知っておこう

海外で私たちの国籍や身分を証明するのがパスポート[旅券]。何が記載されているのか改めて確認しておこう。特にパスポート番号と発行年月日は、出入国カードに書き入れなければならないし、ホテルの宿泊時に記入を求められることがあるので、よく理解しておきたい。

■パスポート（旅券）

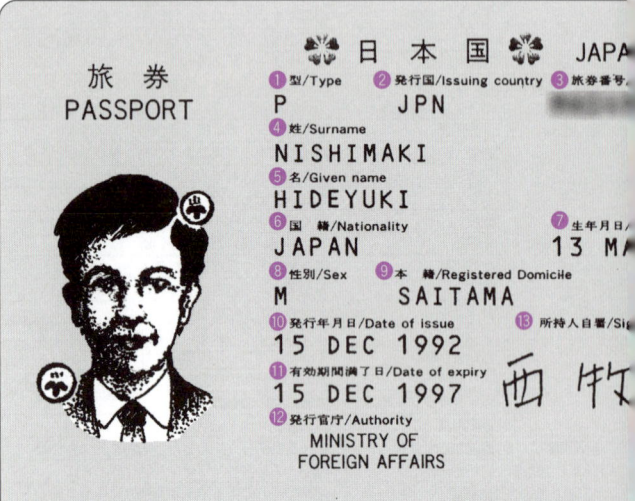

渡航する国によっては、入国時のパスポートの残存有効期間が3カ月〜6カ月必要なことがあるので注意。ビザ（査証＝滞在許可証のこと）が必要かどうかも事前にチェックしておこう。詳細は渡航する国の大使館に問い合わせを。

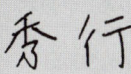

❶ **Type** ／型
　P は機械処理で作られた世界標準タイプのパスポートの意味
❷ **Issuing country** ／発行国
　JPN は JAPAN の略称
❸ **Passport No.** ／パスポート[旅券]番号
❹ **Surname** ／姓
❺ **Given name** ／名
❻ **Nationality** ／国籍
❼ **Date of birth** ／生年月日
　日・月・年
❽ **Sex** ／性別
　M　Male　　男性
　F　Female　女性
❾ **Registered Domicile** ／本籍
❿ **Date of issue** ／発行年月日
　日・月・年
⓫ **Date of expiry** ／有効期間満了日
　日・月・年
⓬ **Authority** ／発行官庁
　MINISTRY OF FOREIGN AFFAIRS ／外務省
⓭ **Signature of bearer** ／所持者の署名
　海外ではこの署名が自分の公式署名となる。出入国カードにはこの署名を使う

ELECTRONIC TICKET
Eチケット控えの読み方

「Eチケット」とは航空会社のコンピューター内に記録された電子チケット（electronic ticket）のことで、紙の綴りでできた従来の航空券に代わる新しい形態のチケット。

旅行者には予約したフライトの日付や便名が書いてある「Eチケットお客様控え」（passenger itinerary receipt）が渡される。この控えは航空会社により「旅程表」「確認書」などと呼ばれる。書式は違っても内容はほぼ同じで、搭乗するフライトの詳細が書かれているので読み方を知っておこう。チェックインは基本的にはパスポートだけでもできるが、Eチケット控えを添えればさらにスムーズになるだろう。

A 発券情報、搭乗者名
① 発券事業者名と所在地
② 発券日
③ 搭乗者名
④ **ISSUING AIRLINE** ／発券航空会社
⑤ **TICKET NUMBER** ／チケット番号
⑥ **BOOKING REF** ／（BOOKING REFERENCE の略）予約番号

B フライトの日程
⑦ **FROM** ／～から（出発空港とターミナル）　東京・成田　ターミナル1
⑧ **TO** ／～へ（到着空港とターミナル）　ミュンヘン　ターミナル2
⑨ **FLIGHT** ／（FLIGHT NUMBER の略）　便名 LH715
⑩ **CL** ／（CLASS の略）搭乗クラス　V（エコノミークラスのこと）
⑪ **DATE** ／日付　27APR 4月27日
⑫ **DEP** ／（DEPARTURE TIME の略）　出発時刻　12：25
⑬ **FARE BASIS** ／運賃　VHXAXIT1（記号化されている）
⑭ **NVB** ／（NOT VALID BEFORE の略）出発日より前は使用不可
⑮ **NVA** ／（NOT VALID AFTER の略）出発日より後は使用不可（上のNVBとともに日付変更ができないチケットという意味）
⑯ **BAG** ／（BAGGAGE ALLOWANCE の略）荷物の許容量　20kg
⑰ **ST** ／（STATUS の略）予約状況　OK
⑱ **ARRIVAL TIME** ／到着時刻　17：35
⑲ **LATEST CHECK-IN** ／（成田での）チェックインの締め切り時刻　11：25

※この場合往復合計4回飛行機に乗るので、以下それぞれの便についてのフライト情報が記載されている。

C 航空券情報
ここには運賃や空港税などに関する情報が記されている。

■ルフトハンザ ドイツ航空のEチケット控え

```
                      ELECTRONIC TICKET
                    PASSENGER ITINERARY RECEIPT

                             DATE: 30 MARCH 2010
                             AGENT:
                             NAME: YASUMOTO/JUNKOMS
TOKYO
IATA
TELEPHONE:

ISSUING AIRLINE                             : LUFTHANSA
TICKET NUMBER                               : ETKT 220 9714896985-86
BOOKING REF : AMADEUS: 3ETHYD, AIRLINE: LH/3ETHYD
FROM /TO        FLIGHT CL DATE  DEP  FARE BASIS     NVB    NVA    BAG ST

TOKYO NARITA    LH 0715 V  27APR 1225 VHXAXIT1 GR   27APR  27APR  20K OK
TERMINAL:1
MUNICH                                ARRIVAL TIME: 1735
TERMINAL:2      LATEST CHECK-IN:1125

MUNICH          LH 3646 V  27APR 1915 VHXAXIT1 GR   27APR  27APR  20K OK
TERMINAL:2          FLIGHT OPERATED BY:AIR DOLOMITI
GRAZ                                  ARRIVAL TIME: 2025
                LATEST CHECK-IN:1835

ZAGREB          LH 3493 V  03MAY 1320 VHXAXIT1 GR   03MAY  03MAY  20K OK
                    FLIGHT OPERATED BY:LUFTHANSA CITYLINE
MUNICH                                ARRIVAL TIME: 1425
TERMINAL:2      LATEST CHECK-IN:1250

MUNICH          LH 0714 V  03MAY 1545 VHXAXIT1 GR   03MAY  03MAY  20K OK
TERMINAL:2
TOKYO NARITA                          ARRIVAL TIME: 1015
TERMINAL:1      LATEST CHECK-IN:1505


AT CHECK-IN. PLEASE SHOW A PICTURE IDENTIFICATION AND THE DOCUMENT YOU
GAVE FOR REFERENCE AT RESERVATION TIME

ENDORSEMENTS  : ITOLH3QJT FL RESTD/NONC/NRTG/GGAIRLHEYTYOFARE
TOUR CODE     : KXPGX01T3A882
PAYMENT       : CASH

FARE CALCULATION : TYO LH(TS)X/MUC LH GRZ M/IT /-ZAG LH X/MUC LH(TS)TYO
                   M/IT END XT500013870RA1320DE1880HR130MI

AIR FARE      : JPY IT
TAX                      27480YQ        2040SW         7700XT
TOTAL         : JPY IT


NOTICE
CARRIAGE AND OTHER SERVICES PROVIDED BY THE CARRIER ARE
SUBJECT TO CONDITIONS OF CARRIAGE, WHICH ARE HEREBY INCORPORATED BY
REFERENCE. THESE CONDITIONS MAY BE OBTAINED FROM THE ISSUING CARRIER.

THE ITINERARY/RECEIPT CONSTITUTES THE 'PASSENGER TICKET' FOR
THE PURPOSES OF ARTICLE 3 OF THE WARSAW CONVENTION, EXCEPT WHERE THE
CARRIER DELIVERS TO THE PASSENGER ANOTHER DOCUMENT COMPLYING WITH THE
REQUIREMENTS OF ARTICLE 3.

NOTICE
IF THE PASSENGER'S JOURNEY INVOLVES AN ULTIMATE DESTINATION OR STOP IN
A COUNTRY OTHER THAN THE COUNTRY OF DEPARTURE THE WARSAW CONVENTION MAY
BE APPLICABLE AND THE CONVENTION GOVERNS AND IN MOST CASES LIMITS THE
LIABILITY OF CARRIERS FOR DEATH OR PERSONAL INJURY AND IN RESPECT OF
LOSS OF OR DAMAGE TO BAGGAGE. SEE ALSO NOTICES HEADED ADVICE TO
INTERNATIONAL PASSENGERS ON LIMITATION OF LIABILITY' AND 'NOTICE OF
BAGGAGE LIABILITY LIMITATIONS'.
```

旅の準備編

1

Eチケット控えの読み方

3 BOARDING PASS
搭乗券の読み方

　航空会社のカウンターでチェックインをすると搭乗券がもらえる。便名、搭乗開始時刻、ゲート番号、座席番号などが書かれている搭乗券は、列車でいえば指定乗車券。航空会社によってデザインは多少異なるが内容は変わらない。読み方に慣れておこう。

■ルフトハンザ ドイツ航空搭乗券

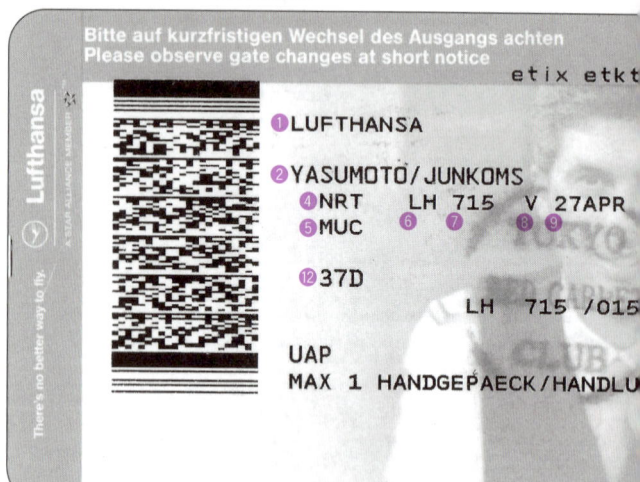

❶航空会社名／Carrier　ルフトハンザ ドイツ航空
❷搭乗者名／Name of passenger
❸Eチケット番号／Eticket number（eticketはetkt, ETKTとも略す）
❹出発地／NRTは成田空港の略号
❺到着地／MUCはミュンヘンの略号
❻航空会社名（略名）／Carrier　LHはルフトハンザ ドイツ航空の略

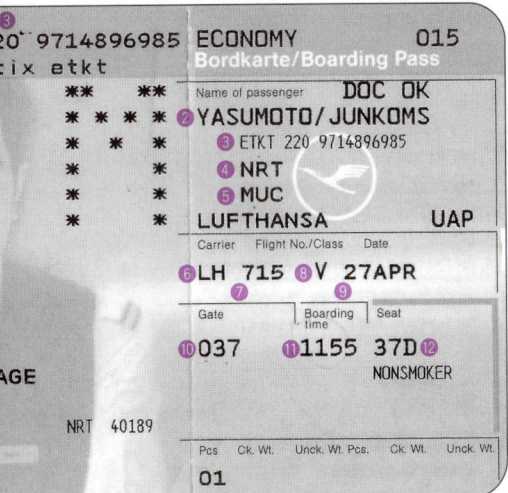

- ❼ 便名／Flight No. 715
- ❽ クラス／Class V（ルフトハンザ ドイツ航空では V はエコノミークラスの意味）
- ❾ 日付／Date 27APR（4月27日）
- ❿ 搭乗ゲート／Gate 37番ゲート
- ⓫ 搭乗開始時刻／Boarding time 11：55
- ⓬ 座席／Seat 37D

4 TIMETABLE
飛行機の時刻表の読み方
（OAGポケットフライトガイド）

飛行機の時刻表ではOAG（アメリカのオフィシャル・エアラインガイド社が発行。現在はオンライン版が主流）が知られている。航空会社でも自社の時刻表を出している。最初はとっつきにくく思えるかもしれないが、使い方はどれも似ているので一度マスターすれば旅のプランニングの強い味方になってくれるだろう。読み方は、まず出発都市❶をアルファベット順に探し、❹の行き先を見つける。次に❺の運航日に気をつけて、❻出発時刻と❽到着時刻を探すというのが基本。

❶ From ～／～発
出発都市と国名

❷ 都市コード
3文字で表記。ROMはローマ、AMSはアムステルダムの都市コード

❸ 出発地に複数の空港があるときの空港コードと略号
FCOはレオナルド・ダ・ビンチ空港（フィウミチーノ空港）の空港コードで、Fは時刻表で使われるその略号

❹ To ～／～行き
到着都市と国名

❺ 運航日
運航日が数字で表される。1月曜 2火曜 3水曜 4木曜 5金曜 6土曜 7日曜 空白は毎日運航 X 6は土曜のみ運休

❻ 出発時刻
1400は14：00のこと

❼ 出発空港
FはFCO（❸を参照）から

❽ 到着時刻
+1は翌日到着

❾ 航空会社名
2文字の略号で表される。AZはアリタリア航空

❿ 便名

⓫ 座席のクラス
C（ビジネス）、Y（エコノミー）、F（ファースト）が用意されている

⓬ 飛行機の機種
747はボーイング747

⓭ ストップオーバーの回数
0はノンストップ便

■飛行機の時刻表 (OAG)

旅の準備編 1 ■ 飛行機の時刻表の読み方

Freq.	Leave	Arrive	Flight	Cabin	Eq	S	
From ROME, ITALY							**ROM**
F-FCO (LEONARDO DA VINCI (FIUMICINO))							
C-CIA (CIAMPINO)							
To AMSTERDAM, NETHERLANDS							**AMS**
	0705 F	0935	KL 264	CY	737	0	
	0935 F	1210	AZ 108	CY	M80	0	
2356	1310 F	1550	KL 266	CY	737	0	
147	1320 F	1600	KL 266	CY	737	0	
	1615 F	1845	AZ 110	CY	M80	0	
		EX 24DEC-25DEC					
	1800 F	2030	KL 268	CY	737	0	
ANCONA, ITALY							**AOI**
	0925 F	1030	AZ 1129	Y	ATR	0	
	1245 F	1350	AZ 1131	Y	ATR	0	
		EX 25DEC-26DEC, 28DEC-29DEC					
	1655 F	1800	AZ 1125	Y	ATR	0	
	2120 F	2205	AZ 1127	Y	M80	0	
ANTANANARIVO, MADAGASCAR							**TNR**
3	1625 F	0535+1	MD 051	FCY	747	1	E-18DEC
ATHENS, GREECE							**ATH**
	1025 F	1315	OA 234	CY	AB3	0	
	1150 F	1450	AZ 718	CY	AB3	0	
		EX 24DEC					
25	1220 F	1520	TG 941	FCY	747	0	
25	1300 C	1730	V4★ 101	Y	M80	1	
24	1340 F	1630	TP 772	CY	737	0	
	1415 F	1705	OA 236	CY	734	0	
	1920 F	2220	AZ 722	CY	AB3	0	D-30DEC
		EX 25DEC					
135	2100 F	2359	AZ 720	CY	M80	0	
ATLANTA, GEORGIA, USA							**ATL**
	1135 F	1950	DL 6147	FCY	*	1	
		EX 04DEC, 11DEC, 25DEC					
		DL 6147 EQUIPMENT 763-JFK-L15					
X3	1220 F	1946	US 2603	CY	*	1	
		US 2603 EQUIPMENT 767-PHL-734					
		CONNECTIONS					
X7	0650 F	1515	SN7816-BRU-SN★125				
	0720 F	1405	SR607-ZRH-SR120				D-23DEC
2567	0720 F	1405	SR607-ZRH-SR120				E-27DEC
	1100 F	2128	TW841-JFK-TW831				D-17DEC
	1100 F	2132	TW841-JFK-TW831				E-18DEC
♦ AUCKLAND, NEW ZEALAND							**AKL**
356	1220 F	1240+2	CX292-HKG-CX107				D-28DEC
♦ AUSTIN, TEXAS, USA							**AUS**
X6	1100 F	2231	TW845-STL-TW277				
		TW 845 CHG PLANE AT JFK					
BAHRAIN, BAHRAIN							**BAH**
4	1350 F	2050	AZ★7026	CY	767	0	
4	1350 F	2050	GF 016	FCY	767	0	
♦ BALTIMORE, MARYLAND, USA (B-BWI)							**BWI**
	1135 F	1750	B DL149-JFK-DL★4953				D-24DEC
	1135 F	1750	B DL149-JFK-DL★4953				E-26DEC
BANGKOK, THAILAND							**BKK**
25	1220 F	0650+1	TG 941	FCY	747	1	
5	1345 F	0610+1	GA 807	CY	747	0	
7	1345 F	0610+1	GA 861	CY	747	0	
356	1400 F	0615+1	AZ 798	CY	747	0	

19

5 TIMETABLE
鉄道時刻表の読み方
（トーマスクック）

旅の準備編 1 鉄道時刻表の読み方

世界の鉄道を中心に主な長距離バス、フェリーなどの時刻表が記載されている。毎月発行され、赤い表紙がヨーロッパ、青い表紙がヨーロッパ以

■鉄道時刻表（トーマスクック）

❶ Table 32			❷ PARIS - MÜNCHEN - WIEN - B						
❺ train type			EC 65 ✕	EC 65 ✕	IC 792 ❿ ♀ ♪		EC 67 ✕	D 269	D 269		1607 ♀	27
❻ train number			B ❶	C ♪	❶		D ✕	E	H			
❼ notes												
❸ Paris Est.............d. ❽	...	...	0748	0748	...	...	1347	...	...	1647	...
Nancy..................d.	...	...	1031	1031	...	...	1631	...	...	1933	...
Strasbourg............d.	...	...	1154	1154	...	...	1758	...	...	2056	21
Kehl 🚌............d. ❾	...	...	1205	1205	...	...	1807	...	...		21
Baden Baden...........a.	...	...	1230	1230	...	...	1831	...	...		21
Karlsruhe Hbf...........a.	...	...	1248	1248	...	...	1850	...	...		21
Stuttgart Hbf............a.	...	...	1343	1343	...	...	1943	...	...		22
Ulm Hbf................a.	...	...	1453	1453	...	...	2053	...	...		
Augsburg Hbf..........a.	...	...	1534	1534	...	...	2134	...	...		
München Pasing.......a.	...	...	1602	1602	...	...	2202	...	...		
München Hbf.........a.	...	...	1612	1612	...	...	2212	2319	2319		
Salzburg Hbf 🚌......a.	...	...	1755	1755	1914	...	...	0103	0103		
Bischofshofen..........a.	...	...			1857	2000	...				
Schwarzach St Veit...a.	...	...				2014	...				
Badgastein............a.	...	...				2049	...				
Villach Hbf.............a.	...	...				2200	...				
Klagenfurt Hbf.........a.	...	...				2238	...				
Linz Hbf...............a.	...	...	1920				...	0231	0425		
Radstadt..............a.	...	...		1930			...				
Stainach Irdning.......a.	...	...		2015			...				
Selzthal..............a.	...	...		2038			...				
Graz Hbf..............a.	...	...		2223			...				
Wien Westbahnhof...a.	...	...	2115				...	0416h	0647		
Hegyeshalom..........a.	...	...					...	0521			
Györ...................a.	...	...					...	0608			
Budapest Keleti......a.	...	...					...	0748			

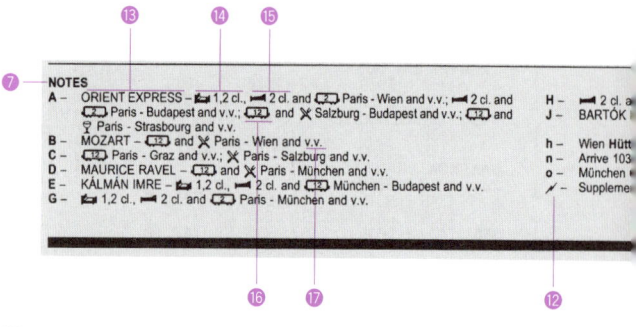

NOTES
- **A** — ORIENT EXPRESS – 🛏 ❸1,2 cl., ❹ 2 cl. and 🚃 Paris - Wien and v.v.; ❺ 2 cl. and 🚃 Paris - Budapest and v.v., 🚃 and ✕ Salzburg - Budapest and v.v.; 🚃 and ♀ Paris - Strasbourg and v.v.
- **B** — MOZART – 🚃 and ✕ Paris - Wien and v.v.
- **C** — 🚃 Paris - Graz and v.v.; ✕ Paris - Salzburg and v.v.
- **D** — MAURICE RAVEL – 🚃 and ✕ Paris - München and v.v.
- **E** — KÁLMÁN IMRE – 🛏 1,2 cl., ❻ 2 cl. and 🚃 München - Budapest and v.v.
- **G** — 🛏 1,2 cl., ❼ 2 cl. and 🚃 Paris - München and v.v.

- **H** — ❷ 2 cl. a
- **J** — BARTÓK
- **h** — Wien Hütt
- **n** — Arrive 103
- **o** — München
- ✕ — Supplem ❶

20

外の地域用。JRの時刻表と似ているのでポイントさえつかめば読むのは簡単だ。

鉄道時刻表の読み方

	IC	IC	IC		EC	IC	IC
263	511	590	503	261	63	594	517
	♀	♀	♀		✕♀	♀	♀
A ✓				G	J ✓		
1748	...	...	...	2225	...	...	...
2035	...	...	...		...	...	...
2202	...	...	...	0351	...	...	...
2214	...	...	...	0416	...	...	...
2239	...	...	...	0442	...	...	...
2257	...	...	...	0503	...	...	...
2359	...	...	...	0620	0710	...	...
	...	...	...	0726	0805	...	...
	...	...	...	0811	0845	...	...
0305	...	...	...		...	...	...
0323o	...	...	...	0850	0925	...	...
0450	0521	0714	...	1055	1114	1121	
	0602	0757	...		1157	1202	
		0814	...		1214		
		0848	...		1249		
		1000	...		1400		
		1037	...		1437		
0631	...	...	0757		1220	...	1230
	0630	...	...			...	1315
	0715	...	...			...	1334
	0734	...	0934			...	1540
	0940	...	1140				
0835	...	...	...		1418	...	...
1004	...	...	...		1532	...	...
1042	...	...	...		1602	...	...
1218	...	...	...		1735	...	...

München - Wien and v.v.
and ✕ Frankfurt (Main) - Stuttgart - Wien and v.v.

f.
②-⑥ July 23 - Sept. 6 (not Aug. 16).

yable.

❶ Table No /時刻表番号
番号順に載っているので調べやすい
❷ 鉄道ルート
パリ、ミュンヘン、ウィーン、ブダペストを結ぶ
❸ 駅名（パリ東駅）
❹ 国境駅
❺ Train type /列車の種類
　EC ユーロシティー
　IC インターシティーなど
❻ Train number /列車番号
❼ Notes /注
列車別に欄外に注釈がある。寝台車の有無、列車の呼び方など大切なことが書かれている
❽ d. / departure(出発時刻)の略
❾ a. / arrival(到着時刻)の略
❿ 飲み物・スナック車内販売
⓫ 食堂車
⓬ 追加料金が必要
⓭ 列車の愛称
⓮ 1,2cl. /寝台1、2等車
⓯ 2cl. /クシェット（簡易寝台）2等車
⓰ 1、2等車が直通運転
⓱ v.v. /逆方向も同じ
⓲ 曜日を数字で表している
　①月曜　②火曜　③水曜　④木曜
　⑤金曜　⑥土曜　⑦日曜

6 IMMIGRATION CARD
出入国カードの書き方
(アメリカ合衆国)

　入国審査に必要な大切な書類だ。機内で配られるので、到着までに記入しておこう。書式は国によって違うが、大文字ではっきり書く。アメリカの場合、観光目的で90日以内の短期滞在者はI-94W（VISA WAIVER／査証免除）という書式に記入する。機内では日本語のカードが配られることもあるが、記入は英語で。

■入国記録　Arrival Record
❶ Family Name ／姓
❷ First (Given) Name ／名
❸ Birth Date (day / mo / yr) ／
　生年月日（日／月／年）
　日・月は4ケタで（7月15日→1507）
　年は西暦の下2ケタで表示
　（1969年→69）
❹ Country of Citizenship ／国籍（国名）
❺ Sex (male or female) ／性別
　男性→ male　女性→ female
❻ Passport Number ／パスポート番号
❼ Airline and Flight Number ／航空機便名
❽ Country where you live ／居住国
❾ City where you boarded ／搭乗地
❿ Address While in the United
　States (Number and Street) ／
　米国滞在中の住所（番地、通り名）
　ホテル滞在の場合はホテル名
⓫ City and State ／滞在する都市と州
⓬⓭記入不要

■出国記録　Departure Record
⓮ Family Name ／姓
⓯ First (Given) Name ／名
⓰ Birth Date (day / mo / yr) ／生年月日
⓱ Country of Citizenship ／国籍（国名）

■裏面（概要説明）
あなたに該当するものがありますか
（質問事項に答え
　□はい、□いいえに✓する）
A 伝染病、身体・精神障害、麻薬常習
B 過去の犯罪・逮捕歴
C スパイ・テロ・ナチズムの活動歴
D 米国で働くつもり。米国からの強制送還の経験、米国への不正手段による入国を試みた経験
E 親権をもつ米国市民の被親権者を拘束した経験
F 米国への入国を拒否された経験、査証発行を拒否・取り消しされた経験
G 追訴の免除を主張した経験

※「はい」にチェックすると入国できないことがあるので注意。
※質問事項に答えた上で、姓・名、国籍、生年月日、署名、日付を記入。

■出入国カード
　I-94W

旅の準備編

1 出入国カードの書き方

U.S. Department of Justice
Immigration and Naturalization Service

OMB No. 1115-0148

Welcome to the United States

I-94W Nonimmigrant Visa Waiver Arrival/Departure Form
Instructions

This form must be completed by every nonimmigrant visitor not in possession of a visitor's visa, who is a national of one of the countries enumerated in 8 CFR 217. The airline can provide you with the current list of eligible countries.

Type or print legibly with pen in ALL CAPITAL LETTERS. USE ENGLISH

This form is in two parts. Please complete both the Arrival Record, items 1 through 11 and the Departure Record, items 14 through 17. The reverse side of this form must be signed and dated. Children under the age of fourteen must have their form signed by a parent/guardian.

Item 7 - If you are entering the United States by land, enter **LAND** in this space. If you are entering the United States by ship, enter **SEA** in this space.

Admission Number
885897578 05

Immigration and Naturalization Service
Form I-94W (05-29-91) - Arrival Record
VISA WAIVER

入国記録

1. Family Name ❶ KIMURA
2. First (Given) Name ❷ YURIKO
3. Birth Date (day/mo/yr) ❸ 15 07 69
4. Country of Citizenship ❹ JAPAN
5. Sex (male or female) ❺ FEMALE
6. Passport Number ❻ TE072G115
7. Airline and Flight Number ❼ NH-009
8. Country where you live ❽ JAPAN
9. City Where you boarded ❾ TOKYO
10. Address While in the United States (Number and Street) ❿ SHERATON MANHATTAN
11. City and State ⓫ NEW YORK

Government Use Only

12. ⓬
13. ⓭

Departure Number
885897578 05

Immigration and Naturalization Service
Form I-94W (05-29-91) - Departure Record
VISA WAIVER

出国記録

14. Family Name ⓮ KIMURA
15. First (Given) Name ⓯ YURIKO
16. Birth Date (day/mo/yr) ⓰ 15 07 69
17. Country of Citizenship ⓱ JAPAN

See Other Side   Staple Here

■裏面

Do any of the following appl

A. Do you have a communicable disorder; or are you a drug abuser

B. Have you ever been arrested or co involving moral turpitude or a v substance; or been arrested or co for which the aggregate sentence or more; or been a controlled su seeking entry to engage in crimin

C. Have you ever been or are you sabotage; or in terrorist activities; or genocide; or between 1933 and 1945 were you involved, in any way, in persecutions associated with Nazi Germany or its allies? ☐ Yes ☑ No

D. Are you seeking to work in the U.S.; or have you ever been excluded and deported; or been previously removed from the United States; or procured or attempted to procure a visa or entry into the U.S. by fraud or misrepresentation? ☐ Yes ☑ No

E. Have you ever detained, retained or withheld custody of a child from a U.S. citizen granted custody of the child? ☐ Yes ☑ No

23

7 CUSTOMS DECLARATION
税関申告書の書き方
(アメリカ合衆国)

　税関申告書はヨーロッパのように必要のないところと、アメリカのようにしっかり記入を求められるところがある。申告書は通常家族で1枚税関に提出するだけでよい。入国時に荷物のオープンチェックをする国はごくわずかだ。

■税関申告書（アメリカ合衆国）

❶ Family Name／姓
❷ First (Given) Name／名
❸ Middle Initial(s)／ミドルネームの頭文字（日本人不要）
❹ Birth Date(day／mo／yr)生年月日（日／月／年）
❺ Airline／Flight No.／便名
❻ Number of Family Members Traveling With You／同行する家族の人数
❼ (a)Country of Citizenship／国籍
　(b)Country of Residence／現在住んでいる国
❽ (a)U.S. Address(Street Number／Hotel)／米国滞在先（番地／ホテル名）
　(b)U.S. Address(City) 都市
　(c)U.S. Address(State) 州
❾ 米国へ到着前に訪問した国
❿ 旅行目的（どちらかに✓）
　Business　商用
　Personal　個人（観光）
⓫ 生きた動植物や農産物を所持しているか、米国外の農場や牧場に滞在していたか
⓬ 円を含む1万ドル以上の現金や小切手を持っているか
⓭ 商用製品を所持しているか
⓮ アメリカに持ち込む物品の総額（＄100まで無税）
⓯ 署名　⓰ 日付（日／月／年）

PART 2

【出発編】

これだけでOK！
よくでるフレーズベストテン
[出発編]

1. ニューヨークまでお願いします。

To New York, please.
トゥ　ニューヨーク　プリーズ

2. 窓側の席にしてください。

A window seat, please.
ア　ウィンドウ　スィート　プリーズ

3. 喫煙できるところはありますか。

Any smoking area around?
エニ　スモウキング　エアリア　アラウンド ノ

4. 白ワインをください。

White wine, please.
ホワイト　ワイン　プリーズ

5.	コーヒーはいかがですか。

Coffee?
コーフィ↗

6.	お願いします。

Yes, please.
イェス　プリーズ

7.	いいえ、けっこうです。

No, thanks.
ノウ　サンクス

8.	（食事は）おすみですか。

Finished?
フィニッシュト↗

9.	はい。

Yes, thanks.
イェス　サンクス

10.	いいえ、まだです。

Not yet.
ナット　イェット

出発編

空港でチェックイン

チェックインとは空港の航空会社のカウンターで飛行機に乗る手続きをすること。パスポートとともにEチケット控えを提示すると、座席番号の入った搭乗券(boarding pass)をくれる。座席のリクエスト(窓側、通路側、同じ席にしてほしいなど)はこのときに伝えよう。希望の席を確保するためには、早めに空港に行き余裕をもってチェックインするのが基本だが、航空会社によっては事前にウェブ上で座席予約ができる。カウンターが開く時間は国によって差があるが、国際線では通常出発の2～3時間前と考えておこう。

途中に経由地がある場合は、荷物を最終目的地までスルーで送れるか、それとも経由地でいったん出さなければならないかを確認しておこう。

チェックインをしたいのですが。	I'd like to check in. アイド ライク トゥ チェック イン
窓側[通路側]にしてください。	A window [An aisle] seat, please. ア ウィンドウ アナイル スィート プリーズ
荷物はいくつですか。	How many piece of baggage do you have? ハウ メニ ピース オヴ バゲッジ ドゥ ユー ハヴ
2つです。	I have two. アイ ハヴ トゥー
荷物はロンドンまでスルーで流してもらえますか。	Could you send the baggage through to London? クッジュー センド ザ バゲッジ スルー トゥ ランドン♪
これは機内に持ち込んでもいいですか。	Can I bring this on the plane? キャナイ ブリング ズィス オン ザ プレイン♪
搭乗時刻は何時ですか。	What is the boarding time? ホワット イズ ザ ボーディング タイム
搭乗ゲートは何番ですか。	What is the gate number? ホワット イズ ザ ゲイト ナンバ

出国手続き

　日本での出国手続きは、①X線による手荷物検査→②税関にて外国製品の持ち出しの申告(持ち出すもののない人はそのまま通過)→③出国審査(パスポートと搭乗券を出して出国スタンプをもらう)→④免税店のあるロビーを経て搭乗ゲートへ、という流れ。外国での出国手続きも基本は日本と変わらない。

　なお2007年以降、100ml以上の液体物の機内持ち込みができなくなったので、免税店でのお酒や化粧品などの購入には注意が必要。乗り継ぎ便がある場合は、次に立ち寄る空港でも液体物の手荷物検査があることが多いので、日本出国時にはお酒を買うのはやめておくほうが無難だ。

出国審査はどこですか。	Where is the immigration?
出国カードは必要ですか。	Do I need an immigration card?
出国カードはどこでもらえますか。	Where can I get an immigration card?
空港税の支払いはどこでできますか。	Where can I pay the airport tax?
このX線はフィルムを通しても安全ですか。	Is this X-ray safe for films?
17番ゲートはどこですか。	Where is the gate 17?
搭乗券を見せてください。	May I see your boarding pass, please?
はい、どうぞ。	Here you are.

出発編

機内で——搭乗する

　飛行機の座席は普通、前から１２３……、左からＡＢＣ……と表示される。ボーイング747のような大型の飛行機では座席は横に10席並んでいて、左から窓／ＡＢＣ／通路／ＤＥＦＧ／通路／ＨＪＫ／窓、というのが一般的。Ｉの席は１と間違えやすいのでないことが多い。中型機では、ＡＢＣ／通路／ＤＥＦ、あるいはＡＣ／通路／ＤＦというのも多い。
　席が見つかったら、荷物は座席の下か頭上の棚に。ひじ掛けにはライト、音楽や個人用ビデオモニター用のチャンネルスイッチ、ヘッドホンの差し込み口、乗務員の呼び出しボタン、座席のリクライニング用ボタンなどがついている。

(搭乗券を見せて)私の席はどこですか。	**Where is my seat?** ホウェアリズ　マイ　スィート
通路側の席に替わりたいのですが。	**I'd like to move to an aisle seat.** アイド ライクトゥ　ムーヴ　トゥ　アナイル　スィート
窓側の席に空きがありますか。	**Do you have any window seats left?** ドゥ ユー　ハヴ　エニ　ウィンドウ　スィーツ レフトノ
この席にはどなたかいますか。	**Is this seat taken?** イズ ズィス スィート　テイクンノ
(自分の席に他の人が座っていたときに)ここは私の席だと思いますが。	**I suppose this is my seat.** アイ　サポウズ　ズィス イズ マイ　スィート
席を替わっていただけますか。	**Could you change the seat?** クッジュー　チェインジ ザ　スィートノ
この荷物はどこに置けばいいですか。	**Where can I put this baggage?** ホウェア　キャナイ　プット ズィス　バゲッジ
このカバンをあそこに上げていただけませんか。	**Could you put this bag up there?** クッジュー　プット ズィス　バッグ アップ ゼアノ
シートを倒してもいいですか。	**May I recline my seat?** メイ アイ　リクライン　マイ スィートノ
枕と毛布をください。	**A pillow and a blanket, please.** ア　ピロウ　アンド ア ブランケット　プリーズ

図解 *Information*

機内の快適シートはここ！

長いフライトはもはや旅の一部。機内で快適なシートに恵まれれば旅の疲れも軽減される。よい席を get するためには、早めに空港へ行きチェックインするのが肝心だ。ただし団体旅行では、あらかじめグループで席がブロックされているためリクエストは無理。機内の空席をねらってみよう。（注：シート数、幅、席番号などは航空会社によって違う。）

■ボーイング 747-400 機
◎超おすすめシート
○おすすめシート
×避けたいシート

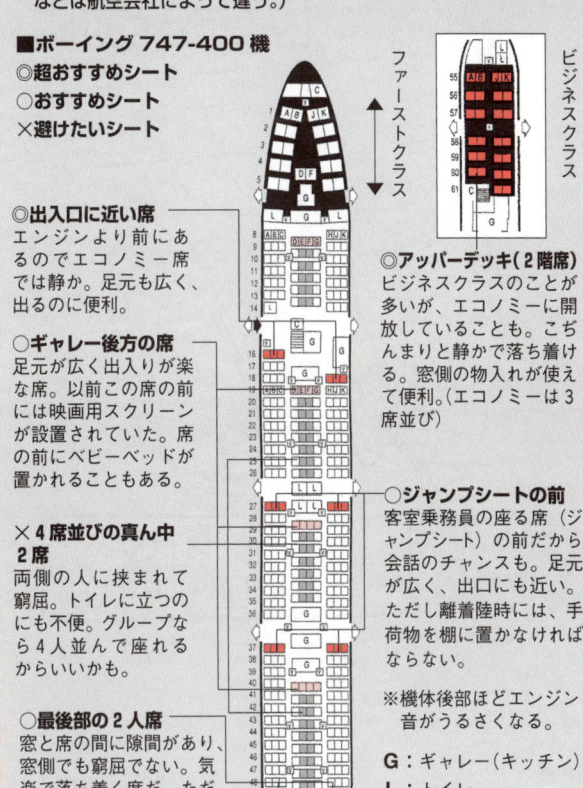

ファーストクラス
ビジネスクラス

◎出入口に近い席
エンジンより前にあるのでエコノミー席では静か。足元も広く、出るのに便利。

○ギャレー後方の席
足元が広く出入りが楽な席。以前この席の前には映画用スクリーンが設置されていた。席の前にベビーベッドが置かれることもある。

×4席並びの真ん中2席
両側の人に挟まれて窮屈。トイレに立つのにも不便。グループなら4人並んで座れるからいいかも。

◎最後部の2人席
窓と席の間に隙間があり、窓側でも窮屈でない。気楽で落ち着く席だ。ただ出口からは一番遠いので、最後に出なければならない。

◎アッパーデッキ（2階席）
ビジネスクラスのことが多いが、エコノミーに開放していることも。こぢんまりと静かで落ち着ける。窓側の物入れが使えて便利。（エコノミーは3席並び）

○ジャンプシートの前
客室乗務員の座る席（ジャンプシート）の前だから会話のチャンスも。足元が広く、出口にも近い。ただし離着陸時には、手荷物を棚に置かなければならない。

※機体後部ほどエンジン音がうるさくなる。

G：ギャレー（キッチン）
L：トイレ
V：ビデオモニター
♦：入口
◊：非常口

出発編

図解 *Information*

航空機内の座席周辺とトイレ内部

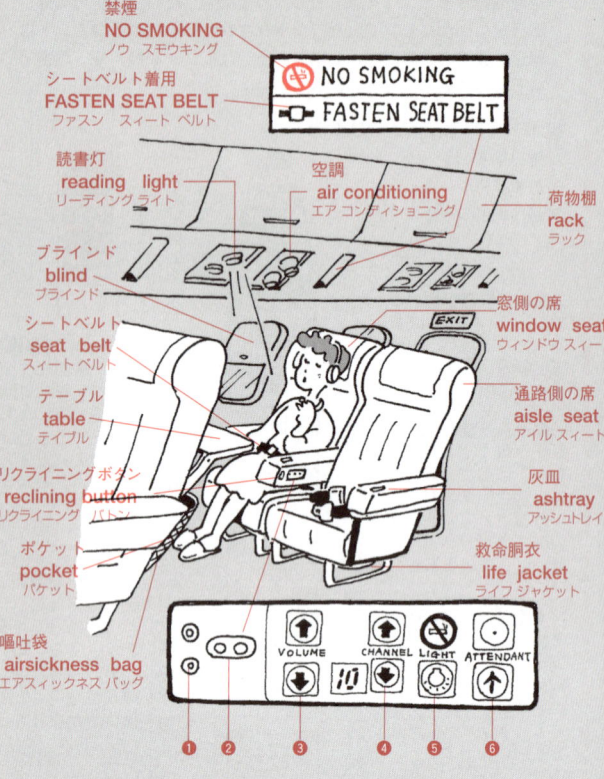

- ❶ ヘッドホン差し込み口
  headphone jack
- ❷ イヤホン差し込み口
  earphone jack
- ❸ 音量調節
  volume control
- ❹ チャンネルスイッチ
  channel selector
- ❺ 読書灯スイッチ
  reading light switch
- ❻ 乗務員呼び出しボタン
  attendant call button

出発編 2 ─ 図解インフォメーション

• **トイレのドア**

トイレ
TOILET / LAVATORY
トイレット　ラヴァトーリ

(トイレ)使用中
OCCUPIED
アキュパイド

(トイレ)空き
VACANT
ヴェイカント

• **トイレの内部**

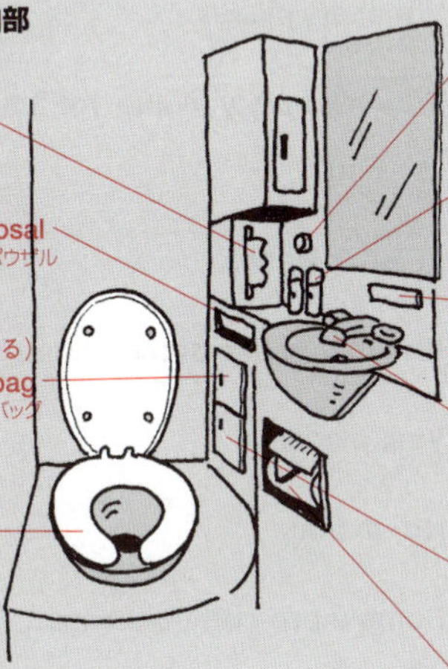

紙タオル
paper towel
ペイパ　タウエル

ごみ入れ
waste disposal
ウェイスト　ディスポウザル

嘔吐袋
(中に入っている)
airsickness bag
エアスィックネス　バッグ

便器
toilet seat
トイレット　スィート

緊急用ボタン
emergency button
イマージェンスィ　バトン

化粧品
cosmetics
カズメティックス

席にお戻りください
RETURN TO THE SEAT
リターン　トゥ　ザ　スィート

蛇口
faucet
フォースィット

生理用ナプキン
(中に入っている)
sanitary napkin
サナテリ　ナプキン

トイレットペーパー
toilet paper
トイレット　ペイパ

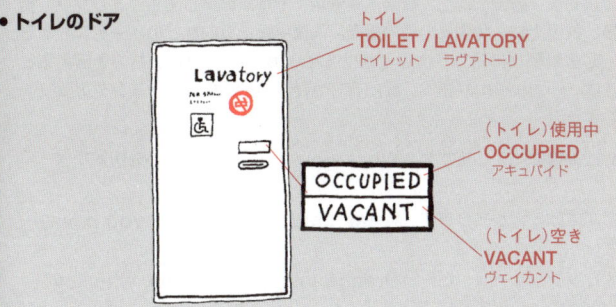

33

機内で——機内サービス

航空会社によって機内サービスには違いがあるが、普通、エコノミークラスでは、新聞・雑誌、音楽・映画用イヤホンの貸し出し、ドリンク、食事、映画上映、免税品の機内販売、入国手続き案内などのサービスがある。

客室乗務員に話しかけるときは Excuse me.、欲しいものを伝えるときは、〜, please. が基本。機内でしっかり英会話のウォーミングアップをしよう。

お飲み物は何にしますか。	What would you like to drink?
どんな飲み物がありますか。	What kind of drinks do you have?
オレンジジュース、ビール、ワイン、ウイスキー、カクテルなどがあります。	Orange juice, beer, wine, whiskey and cocktails.
ウイスキーをください。	Whiskey, please.
ご昼食は牛肉と魚とどちらがよろしいですか。	Which would you like for lunch, beef or fish?
魚にします。	Fish, please.
コーヒーはいかがですか。	Would you like some coffee?
はい、お願いします。	Yes, please.
いえ、けっこうです。	No, thanks.
コーヒーのお代わりをください。	Some more coffee, please.
(お食事は)おすみですか。	Have you finished?
いいえ、まだです。	Not yet.

日本語の雑誌はありますか。	**Do you have any Japanese magazines?**
ライトはどうやってつけたら[消したら]いいのですか。	**How can I turn on [turn off] the light?**
何の映画が上映されるのですか。	**What movie will be on?**
映画は何チャンネルで上映されますか。	**Which channel is the movie on?**
このイヤホンは調子が悪いので、別のをください。	**May I have another earphones as these don't work very well?**
免税品の機内販売はありますか。	**Do you sell tax-free items on board?**
日本円は使えますか。	**Can I use Japanese yen?**
気分が悪いので薬をもらえますか。	**I feel sick. May I have some medicine?**
寒いので毛布をもう1枚ください。	**I feel cold. May I have an extra blanket?**

出発編

2 機内で――機内サービス

INFORMATION

機内誌の上手な利用法

　エアラインの発行する機内誌には、グラビアや読み物だけでなく、旅の情報が掲載されている。エアラインが販売するオリジナルグッズや免税販売品リストでは、機内でしか手に入らないものが見つかることも。

　音楽番組や映画のプログラムもある。機内では日本封切り前の最新作品が上映されることも多く、映画ファンならずとも見逃せない。

　今日何の映画が上映されるか知りたいときはどうすればいいだろう。たとえばエールフランスの機内誌（*AIR FRANCE magazine*）では、Movies this month というページに、世界各地からパリまでのフライトで上映される映画のリストがあり、あらすじまで書いてある。そこで日本を探すと、

　　from Paris to Japan – Independence day, Microcosmos
　　to Paris from Japan – The Rock, Mission Impossible

とあり、パリ発日本行きの便では『インデペンデンス・デイ』と『マイクロコスモス』、日本発パリ行きの便では『ザ・ロック』と『ミッション・インポッシブル』のそれぞれ2本が上映されることがわかる。

　そのほかにも、飛行ルートマップ、トランジットや出入国の案内、空港案内図、パリの地図、主要都市の地図、その月の美術展やコンサート情報(What's in France)、各国のエールフランスの連絡先など、旅に役立つさまざまな情報が満載されているので上手に利用しよう。

◀フィンランド航空の機内誌 kiitos

▼エールフランスの機内誌 *AIR FRANCE magazine*

機内で――到着の準備

　目的地が近づくと乗務員が入国カード(immigration card)を配りに来る。入国する場合はカードをもらい記入しておこう。国によって必要書類には違いがあり、入国カードのほかに税関申告書や検疫カードが必要な国、逆に入国カードさえいらない国もある。

　訪問国の住所の欄には、宿泊する予定のホテル名を書く。個人旅行の場合は職業欄は無職としないほうが無難だ。退職した人は空欄としたりnon とはせず retired(退職)と書くほうがよい。

ブリュッセルには何時に到着しますか。	What time are we arriving in Brussels?
定刻に到着しますか。	Are we arriving on time?
何時間くらい遅れて到着しますか。	How many hours are we delayed?
ブリュッセルは今何時ですか。	What is the local time in Brussels right now?
ロンドンへの乗り継ぎ便を心配しているのですが。	I'm worried about my connecting flight to London.
BA 399便への乗り継ぎに間に合いますか。	Will I have enough time to transfer to BA399?
このカードの書き方を教えてください。	How can I fill out this form?
これはどういう意味ですか。	What does this mean?

出発編 2 トランジットと乗り継ぎ

トランジットと乗り継ぎ

便によっては最終目的地に行く途中で、ほかの空港に寄ることがある。このような便では休憩するだけのトランジット(立ち寄り)と、別の飛行機に乗り換えるトランスファー(乗り継ぎ)とがある。乗り継ぎの場合は、便により空港ターミナルをバスで移動したり、改めてチェックインしなければならず、注意が必要だ。

トランジット

この空港にはどのくらい止まるのですか。	**How long will we stop at this airport?** ハウ ローング ウィル ウィー スタップ アット ズィス エアポート
出発時刻は何時ですか。	**What is the departure time?** ホワット イズ ザ ディパーチャ タイム
飛行機から降りられるのですか。	**Can we go out of the plane?**♪ キャン ウィー ゴウ アウト オヴ ザ プレイン
機内に荷物を置いておいてもいいですか。	**Can I leave the baggage in the cabin?**♪ キャナイ リーヴ ザ バゲッジ イン ザ キャビン
機内に残っていてもいいですか。	**May I stay on the plane?**♪ メイ アイ ステイ オン ザ プレイン
空港の免税店には立ち寄れますか。	**Can we look around duty-free shops?**♪ キャン ウィー ルック アラウンド デューティフリー シャップス

INFORMATION
トランジットとは？

途中の経由地で、いったん飛行機から出て空港の待合室で待つことをトランジットという。機内から出るとスタッフが一人一人にTransit?と声をかけながらトランジットカードを手渡しているので、それをもらって待合室で待機する。時間が許せば空港内を散策してみるのも楽しい。

空港内の免税店では日本円でも外国通貨でも使えるが、お釣りはその国の通貨でくる。紙幣はともかくコインは国外では両替できないので、空港内での支払いはクレジットカードにするとお釣りが出ず便利だ。

乗り継ぎ(トランスファー)

BA399便に乗り換えたいのですが。	I'd like to transfer to BA399.
ブリティッシュ航空の乗り換えカウンターはどこですか。	Where is the transfer desk for British Airlines?
ここで搭乗手続きができますか。	Can I check in here?
乗り継ぎ便に間に合いませんでした。	I missed my connecting flight.
次の便は何時に出ますか。	What time does the next flight leave?

INFORMATION

トランスファーとは？

経由地で別の便に乗り換えることをトランスファーという。別の航空会社に乗り継ぐ場合は、経由地で改めてチェックインしなければならない。飛行機を降りたらTransferあるいはConnecting Flightの表示に従って移動し、乗り継ぎカウンター(Transfer Counter)か、搭乗する航空会社のカウンターで航空券を見せてチェックインしよう。チェックインはゲートで行われることもある。また、同じ航空会社の便に乗り継ぐ場合は、たいてい出発地ですでに2枚目の搭乗券も渡されているので、再チェックインは不要。構内のモニターでゲートを確認して移動するだけでよい。ただ空港によってはバスやシャトルに乗ってターミナルを移動しなければならず、思わぬ時間がかかることもあるので注意しよう。

国内線へ乗り継ぐ場合は、入国の手続きをすませてから国内線ターミナルへ移動する。また国によっては国際線への乗り継ぎでもいったん入国の手続きをしなくてはならないことがあるので、あらかじめ調べておこう。

▶トランスファーの表示

出発編

2 トランジットと乗り継ぎ

出発編ワードマーケット

予約	reservation レザヴェイション
出発	departure ディパーチャ
到着	arrival アライヴァル
ファーストクラス	first class ファースト クラス
エコノミークラス	economy class イカノミ クラス
航空券	air ticket エア ティケット
搭乗券	boarding pass [card] ボーディング パス カード
座席番号	seat number スィート ナンバ
便名	flight number フライト ナンバ
搭乗口	gate ゲイト
搭乗時刻	boarding time ボーディング タイム
荷物引換証	claim tag クレイム タッグ
機内持ち込み手荷物	carry-on baggage キャリオン バゲッジ
窓側席	window seat ウィンドウ スィート
通路側席	aisle seat アイル スィート
喫煙席	smoking seat スモウキング スィート
禁煙席	nonsmoking seat ノンスモウキング スィート
トイレ	lavatory, toilet ラヴァトーリ トイレット
空き(トイレ)	vacant ヴェイカント
使用中(トイレ)	occupied アキュパイド
酸素マスク	oxygen mask アクスィジェン マスク
救命胴衣	life jacket ライフ ジャケット
吐き袋	airsickness bag エアスィックネス バッグ
シートベルト着用	Fasten seat belt ファスン スィート ベルト
非常口	emergency exit イマージェンスィ エグズィット
荷物棚	baggage rack バゲッジ ラック
呼び出しランプ	call lamp コール ランプ
読書灯	reading light リーディング ライト
機内食	in-flight meal インフライト ミール
枕	pillow ピロウ
毛布	blanket ブランケット
免税品	tax-free items タックスフリー アイテムズ
客室乗務員	flight attendant フライト アテンダント
機長	captain キャプテン
操縦席	cockpit カックピット
離陸	takeoff テイクオーフ
着陸	landing ランディング
現地時間	local time ロウカル タイム
時差	time difference タイム ディファレンス
日付変更線	the international date line ズィ インタナショナル デイト ライン
トランジット	transit トランズィット
乗り継ぎ	transfer トランスファー
入国カード	disembarkation card ディセンバーケイション カード
税関申告書	customs declaration card カスタムズ デクラレイション カード

PART 3

到着編

これだけでOK！
よくでるフレーズベストテン
[到着編]

1. 滞在予定はどのくらいですか。

How long are you going to stay?
ハウ　ローング　アー　ユー　ゴウイング　トゥ　ステイ

2. 10日間です。

For ten days.
フォー　テン　デイズ

3. 滞在の目的は何ですか。

What's the purpose of your visit?
ホワッツ　ザ　パーパス　オヴ　ユア　ヴィズィット

4. 観光です。

Sightseeing.
サイトスィーイング

5. 申告するものはありますか。

Anything to declare?
エニスィング トゥ ディクレア♪

6. ありません。

Nothing.
ナスィング

7. 両替をお願いします。

Exchange, please.
イクスチェインジ プリーズ

8. 小銭にしてください。

Small change, please.
スモール チェインジ プリーズ

9. レシートをください。

A receipt, please.
ア リスィート プリーズ

10. 市街へのバス乗り場はどこですか。

Where is the bus stop for downtown?
ホウェアリズ ザ バス スタップ フォー ダウンタウン

入国審査

飛行機を出たら、Arrival(到着)、Passport Control、Immigration（いずれも入国審査）などの標識に沿って進もう。入国審査ではパスポートと入国カードを見せる。北欧やイタリアなど一部の国では、入国カードは不要だ。たいていはカウンター越しに無言で審査するので、パスポートを返してもらうときに Thank you. が言えれば十分だが、イギリスなど一部の国ではいくつか質問されることもある。滞在日数、滞在場所、目的の3つは聞かれる可能性がある事項なので、答えられるようにしておこう。

パスポートを見せてください。	May I see your passport?
はい、どうぞ。	Here it is.
滞在の目的は何ですか。	What is the purpose of your visit?
観光[ビジネス／乗り継ぎ]です。	Sightseeing [Business / Only transfer].
どのくらい滞在する予定ですか。	How long are you going to stay?
10日間[2週間／1カ月]です。	For ten days [two weeks / one month].
どこに滞在しますか。	Where are you going to stay?
パークホテルです。	Park Hotel.
帰りの航空券は持っていますか。	Do you have a return ticket?
はい。これです。	Yes. Here it is.
もう一度言ってください。	Pardon?
よくわかりません。	I don't understand.

図解 *Information*

入国の手順

■バンクーバー国際空港

❶入国審査（IMMIGRATION）
- 非住居者（NON-RESIDENTS）の列に並ぶ。
- パスポートと入国カードを提出。
 （国により入国カードは不要）

❷荷物の受け取り（BAGGAGE CLAIM）
- 便名が表示されたターンテーブルで預けた荷物を受け取る。

❸税関（CUSTOMS）
- ノーチェックの国、税関申告書が必要な国、荷物のオープンチェックがある国などさまざま。

❹到着ロビーへ
- 両替所、ホテルの予約カウンター、インフォメーション、レンタカー会社などがあるので、ここでしっかり準備をして街に出よう。
- 現地係員は普通、税関を出たところで出迎える。

❺バス・タクシー・電車などで街へ

荷物を受け取る

　荷物の受取り所(baggage claim)では、乗ってきた飛行機の便名が表示されたターンテーブルを探し、そこで預けた荷物を受け取る。近くにカートがあれば利用しよう。荷物が出てきたら破損がないかチェックを。万一荷物が出てこないときは、航空会社のスタッフに連絡を取ってロスト・バゲージ(lost baggage)の手続きをしなければならない。

荷物の受取り所はどこですか。	Where is the baggage claim?
NW907便の荷物はここで受け取れるのですか。	Is this the place to pick up the baggage for NW 907?
カートはどこにありますか。	Where is a baggage cart?
このカートは無料ですか。	Is this cart free to use?
私のスーツケースが見つかりません。	My suitcase is missing.
荷物の引換証を持っていますか。	Do you have a baggage claim tag?
これです。探していただけますか。	Here it is. Could you find it for me?
荷物の特徴を教えてください。	How does it look like?
黒の中型のスーツケースで、赤いベルトがしてあります。	It's a black medium-sized suitcase with a red belt.
見つかりしだい、ホテルに届けてください。	Could you deliver it to my hotel as soon as you find it?
私のホテルと電話番号です。	This is my hotel and the telephone number.

INFORMATION

ロスト・バゲージになってしまったら?

　万一荷物が出てこない場合は、航空会社の係員に申し出て紛失報告書を作成してもらう。必要なものは荷物の引換証と航空券。紛失した荷物の形や中身のほか、自分の滞在先を知らせ(いつどこのホテルに滞在するか明確に)、担当者の名前も聞いておこう。また、とりあえず必要なものを買うためのお金を支払ってもらうよう交渉を。黙っていると支払われないことが多い。

　ロスト・バゲージは出発空港での積み残しやほかの空港への誤送が原因なので、たいてい数日以内に見つかり滞在先のホテルに届けられるが、万一見つからなかった場合の補償金は、どんな高価なものが入っていても航空会社間の協定により最高額は400ドル程度。あとの補償は旅行保険でカバーするほかはない。ローマ字で書いた名前・アドレス入りのネームタッグをつける、古い荷物タッグははずしておく、貴重品は手荷物にするなどして自衛しよう。

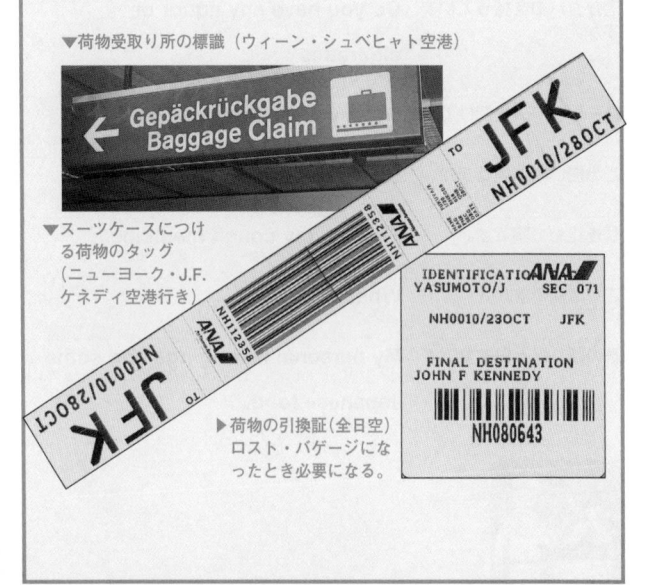

▼荷物受取り所の標識(ウィーン・シュベヒャト空港)

▼スーツケースにつける荷物のタッグ(ニューヨーク・J.F.ケネディ空港行き)

▶荷物の引換証(全日空)
ロスト・バゲージになったとき必要になる。

到着編

3 ──インフォメーション

税関にて

税関では、国により係官にパスポート、税関申告書を見せなければならない。持ち込み禁止品やタバコなどの持ち込み制限は国によって違うので、あらかじめ調べておこう。普通は免税範囲内の場合 Nothing to declare の緑の列、税金を払う必要がある場合は赤の列、とカウンターが分かれている。

ヨーロッパの税関は自己申告制でほとんどノーチェック。アメリカは税関申告書を渡すだけだが、中近東や社会主義国では荷物のオープンチェックをする国もあるので少し面倒だ。

税関申告書を見せてください。	Show me the customs declaration card, please. ショウ ミー ザ カスタムズ デクレイション カード プリーズ
何か申告するものはありますか。	Do you have anything to declare?♪ ドゥ ユー ハヴ エニスィング トゥ ディクレア
ありません。	Nothing. ナスィング
酒かタバコを持っていますか。	Do you have any liquor or cigarettes?♪ ドゥ ユー ハヴ エニ リカ オア スィガレッツ
スーツケースを開けてください。	Open your suitcase, please. オウプン ユア スートケイス プリーズ
この白い粉は何ですか。	What is this white powder? ホワット イズ ズィス ホワイト パウダ
せき止めの薬です。	This is my cough medicine. ズィス イズ マイ コーフ メディスン
これは何ですか。	What are these? ホワット アー ズィーズ
身の回り品と日本食です。	My personal belongings and some Japanese food. マイ パーソナル ビローンギングズ アンド サム ジャパニーズ フード

48

両替

空港の外に出たら、さっそく現地のお金が必要になる。空港の構内の両替所でまず現地通貨に両替をしよう。空港のレートは市中銀行より悪いこともあるので、とりあえず必要な分だけ替えよう。受け取ったお金はレシートを見ながらその場で必ずチェック。あとで足りないことがわかっても文句は言えない。トラベラーズチェックでの両替にはパスポートが必要。係員の前でサインをして渡せばよい。

両替所はどこですか。	**Where is the money exchange?** ホウェアリズ ザ マニ イクスチェインジ
これをドル[ポンド]に替えてください。	**Please change this into dollars [pounds].** プリーズ チェインジ ズィス イントゥ ダラーズ [パウンツ]
今日のレートはどれくらいですか。	**What is the exchange rate today?** ホワット イズ ズィ イクスチェインジ レイト トゥデイ
手数料はいくらですか。	**How much do you take commission?** ハウ マッチ ドゥ ユー テイク コミッション
小銭にしてください。	**Small change, please.** スモール チェインジ プリーズ
10ドル紙幣でください。	**Ten dollar bills, please.** テン ダラー ビルズ プリーズ
トラベラーズチェックを現金にしたいのですが。	**I'd like to cash some traveler's checks.** アイド ライク トゥ キャッシュ サム トラヴェラーズ チェックス
レシートをください。	**May I have a receipt, please?** メイ アイ ハヴ ア リスィート プリーズ♪
計算が間違っているようです。	**I don't think this calculation is correct.** アイ ドゥント スィンク ズィス キャルキュレイション イズ コレクト

到着編

3 両替

図解 *Information*

トラベラーズチェックと両替レート表

海外旅行には現金だけでなく、紛失や盗難のときに再発行してもらえるトラベラーズチェックを用意すると安心だ。購入時の控えは、紛失手続きに必要で大切なもの。チェックとは別の所に保管しよう。

■トラベラーズチェック

❶ Signature of holder
署名欄。購入時にすべてのチェックにサインしておく。これがないと購入者と見なされないので注意。

❷ Counter sign
カウンターサイン。使用するとき店の人の前でサインする。❶と同じサインをすること。

❸ ￥10000
金種と金額。円、ドル、ポンドなど主な通貨で作れる。

■両替レート表の読み方

面倒だが得するために読み方をマスターしよう。日本円から現地通貨に替えるなら BUY を見る。レートだけでなく、手数料も確認しよう。

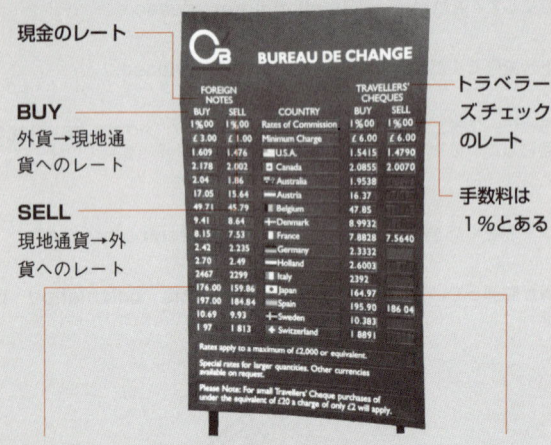

- 現金のレート
- **BUY** 外貨→現地通貨へのレート
- **SELL** 現地通貨→外貨へのレート
- トラベラーズチェックのレート
- 手数料は1％とある

日本円の現金を現地通貨（ポンド）に替えるレートは1ポンド＝176円。この場合この数字が小さいほど得。

日本円のトラベラーズチェックを現地通貨（ポンド）に替えるレートは1ポンド＝164.97円。現金よりいい。

INFORMATION
アメリカ通貨のニックネーム

アメリカの通貨の単位はドル（dollar/US$）、補助単位はセント（¢）で、1ドルが100セントということはよく知られているが、口語だとドルもセントも通称で呼ばれることがあるのでなじんでおこう。

ドルは口語でバック（buck）と呼ばれ、It's ten bucks.（それ10ドルだよ）といった具合に使われる。セント硬貨にもそれぞれ通称がある。10セント硬貨や25セント硬貨には数字はなく、通称しか書かれていないので、覚えておいたほうがいい。

1セント────ペニー（penny）
5セント────ニッケル（nickel）
10セント───ダイム（dime）
25セント───クォーター（quarter）
50セント───ハーフダラー（half dollar）

レジで Do you have a quarter? と聞かれたら、「25セント硬貨を出してもらえますか」という意味。

● 1セント

● 5セント

■アメリカの硬貨
● 50セント

● 10セント

● 1ドル

● 25セント

ツーリスト・インフォメーションを利用する

　空港の到着ロビーや国際列車の発着駅には tourist information（ツーリスト・インフォメーション）があり、市内地図や観光ガイド、ホテルリスト、イベントニュースなどの無料パンフレットがもらえる。街に出る前にここで最新情報を集めておくといいだろう。予算に応じてホテルの予約もしてもらえるから、初めて着いた国では頼れる存在だ。

ツーリスト・インフォメーションはどこですか。	Where is the tourist information office?
ホテルリストはありますか。	Do you have a hotel list?
市街地図をください。	May I have a city map, please?
市街まで行く方法を教えてください。	Could you tell me how to get downtown?
市街までタクシーではいくらかかりますか。	How much does it cost to get downtown by taxi?
市街へ行くシャトルバスはありますか。	Is there a shuttle bus for downtown?
どのくらい頻繁に出ていますか。	How often do they have service?
20分おきに出ています。	It leaves every 20 minutes.
そのバスにはどこから乗れますか。	Where can I take the bus?
あそこの出口を出て右に行ってください。	Turn right after the exit over there.

1泊70ドル以内で市街のホテルを予約してください。	Could you reserve a hotel in town within 70 dollars a night?／クッジュー リザーヴ ア ホウテル イン タウン ウィズィン セヴンティ ダラーズ ア ナイト♪
バス付きのツインをお願いします。	I need a twin room with a bath.／アイ ニード ア トウィン ルーム ウィズ ア バス
10ドルの予約金をここで支払ってください。	Could you pay 10 dollars here for deposit?／クッジュー ペイ テン ダラーズ ヒア フォー ディパズィット♪

INFORMATION
空港の賢い利用法

　カフェ、レストラン、売店、銀行、郵便局、レンタカー会社、航空会社のカウンター、観光案内所……。国際空港は、1つの小さな街の機能を持ち合わせている。しかもこの街は旅行者に好意的だ。本物の異国の街に出る前に、ここでウォーミングアップしてみるのもいいだろう。

　まず空港でしておくといいのは両替。空港の両替所には、銀行の支店か両替屋が出店している。到着が遅くなっても、日曜や祝日でも、国際線の発着に合わせてたいてい開いている。国にもよるが市中銀行と比べると営業時間が長い分、率はいいとは言えないので、とりあえず必要な額だけ替えておくといい。それでもホテルのレートよりはいいはずだ。

　次に、空港にインフォメーション(案内所)があれば寄っておこう。市内地図や交通案内、街の案内を無料でくれるし、知りたいこともあらかじめ聞いておける。街へ出る最適の方法も教えてもらえるだろう。旅行代理店では予約してもらえない経済的なゲストハウスも紹介してもらえる。

　レンタカーで旅する予定の人は空港で借りてしまうのがベストだ。いったん街に出てからだと、またレンタカー会社を探して出向かなければならない。到着空港で借り、出発空港で返すのが、上手な車の借り方だ。

　空港には航空会社のカウンターがあるので、1週間程度の短い旅ならカウンターに出向き、帰国便のリコンファームをしておくと後が楽。いずれにしても一歩空港の外に出れば初めての街が待っているわけで、時間さえあれば、ここでしっかり情報を集めておくのが賢明だ。ただし、空港では置き引きが多いので、くれぐれも荷物からは目を離さないようにしよう。

空港から市内へ

　市内へ行く方法には、空港と市内を結ぶ専用バスのほかに、タクシー、路線バス、地下鉄、列車などがある。白タクが出入りしている空港もあるので、タクシーは正規の乗り場からあらかじめ料金を確かめたうえで利用したほうがよい。インドや東南アジアなどでは、メーターがなく交渉で料金が決まる場合もある。言葉がわからないときは紙に書いて交渉しよう。行き先も紙に書いて渡すのが確実だ。

これは市内へ行くバス乗り場ですか。	Is this the bus stop to downtown? イズ　ズィス　ザ　バス　スタップ　トゥ　ダウンタウン♪
このバスはタイムズスクエアに行きますか。	Does this bus go to the Times Square? ダズ　ズィス　バス　ゴゥ　トゥ　ザ　タイムズ　スクウェア♪
乗車券はどこで買えますか。	Where can I buy a ticket? ホウェア　キャナイ　バイ　ア　ティケット
運賃はいくらですか。	What's the fare? ホワッツ　ザ　フェア
タイムズスクエアに着いたら教えていただけますか。	Could you tell me when I get to the Times Square? クッジュー　テル　ミー　ホウェン　アイ　ゲットゥ　ザ　タイムズ　スクウェア♪
ポーターを探しているのですが。	I'm looking for a porter. アイム　ルッキング　フォアラ　ポータ
これらをタクシー乗り場まで運んでください。	Could you bring these to the taxi stand? クッジュー　ブリング　ズィーズ　トゥ　ザ　タクスィ　スタンド♪
1個いくらで運んでもらえますか。	How much do you charge for one? ハウ　マッチ　ドゥ　ユー　チャージ　フォー　ワン
これをトランクに入れてもらえますか。	Could you put this in the trunk? クッジュー　プット　ズィス　イン　ザ　トランク♪
(タクシーの運転手に) パークホテルまでお願いします。	To Park Hotel, please. トゥ　パーク　ホウテル　プリーズ
(アドレスを見せて) この場所までお願いします。	To this place, please. トゥ　ズィス　プレイス　プリーズ
ここで止めてください。	Please stop here. プリーズ　スタップ　ヒア

到着編ワードマーケット

入国カード記入用語

入国カード	immigration card / イミグレイション カード
	disembarkation card ディセンバーケイション カード
姓	family name / ファミリ ネイム
	surname サーネイム
名	given name / ギヴン ネイム
	first name ファースト ネイム
生年月日	date of birth デイト オヴ バース
国籍	nationality ナショナリティ
職業	occupation アキュペイション
性別	sex セックス
男性	male メイル
女性	female フィーメイル
パスポート	passport パスポート
パスポート番号	passport number パスポート ナンバ
ビザ番号	visa number ヴィーザ ナンバ
発行地	place of issue プレイス オヴ イシュー
発行日	date of issue デイト オヴ イシュー
失効日	date of expiry デイト オヴ イクスパイリ
入国目的	purpose of visit パーパス オヴ ヴィズィット
観光	sightseeing サイトスィーイング
商用	business ビズネス
留学	study abroad スタディ アブロード
目的地	destination デスティネイション
搭乗便名	flight number フライト ナンバ
搭乗地	port of embarkation ポート オヴ エンバーケイション
滞在場所	place of stay プレイス オヴ ステイ
滞在期間	length of stay レングス オヴ ステイ
サイン	signature スィグナチャ

入国審査 | immigration

到着	arrival アライヴァル
入国審査	immigration / イミグレイション
	passport control パスポート コントロウル
居住者	residents レズィデンツ
非居住者	nonresidents ノンレズィデンツ

荷物受取り所 | baggage claim

荷物	baggage /《英》luggage バゲッジ ラゲッジ
荷物受取り所	baggage claim バゲッジ クレイム
荷物引換証	claim tag クレイム タッグ
カート	cart カート
紛失	loss ロース
破損	damage ダメッジ
補償金	compensation コンペンセイション

税関 | customs

税関申告書	customs declaration card カスタムズ デクラレイション カード
通貨申告	currency declaration カーレンスィ デクラレイション

申告する	declare	ディクレア
税金	tax	タックス
免税	tax free / duty free	タックス フリー / デューティー フリー
持ち込み禁止品	prohibited articles	プロウヒビッティド アーティクルズ
私物	personal belongings	パーソナル ビローンギングズ
酒	liquor	リカ
タバコ	cigarette	スィガレット
おみやげ	gift	ギフト
日本食	Japanese food	ジャパニーズ フード

両替 | exchange

両替	exchange	イクスチェインジ
両替所	money exchange	マニ イクスチェインジ
銀行	bank	バンク
両替レート	exchange rate	イクスチェインジ レイト
現金	cash	キャッシュ
トラベラーズチェック	traveler's check	トラヴェラーズ チェック
手数料	commission	コミッション
紙幣	bill /《英》note	ビル ノウト
硬貨	coin	コイン
小銭	small change	スモール チェインジ

インフォメーション | information

観光案内所	tourist information	トゥアリスト インフォメイション
市街地図	city map	スィティ マップ
パンフレット	brochure	ブロウシュア

PART 4

ホテル編

これだけでOK！
よくでるフレーズベストテン
[ホテル編]

1. チェックインをお願いします。

   Check in, please.
   チェック イン プリーズ

2. 予約してあります。

   I have a reservation.
   アイ ハヴ ア レザヴェイション

3. 701号室の鍵をください。

   (The key for) 701, please.
   ザ キー フォー セヴンオウウン プリーズ

4. 貴重品を預けたいのですが。

   A safe, please.
   ア セイフ プリーズ

5. こちらは701号室です。

This is room 701.
ズィス イズ ルーム セヴンオウワン

6. 朝8時にモーニングコールをお願いします。

A wake-up call at eight, please.
ア ウェイクアップ コール アット エイト プリーズ

7. (支払いは)部屋につけておいてください。

Charge it to my room, please.
チャージ イット トゥ マイ ルーム プリーズ

8. チェックアウトをお願いします。

Check out, please.
チェック アウト プリーズ

9. ミニバーは使いましたか。

Did you use the mini bar ?
ディッジュー ユーズ ザ ミニ バーノ

10. ビールを1本飲みました。

I had a beer.
アイ ハッド ア ビア

予約する

現地で宿泊先を予約するときは、ホテルへ直接電話で予約するほかに、到着した空港や駅のツーリスト・インフォメーション(tourist information)で予約を入れてもらう方法がある。予約するときは値段だけでなく、バス付き(with a bath)か、シャワー付き(with a shower)か、朝食付き(included breakfast)かなどを確かめよう。

今夜泊まる部屋を予約したいのですが。	I'd like to make a reservation for tonight.
バス付きのシングルで空きはありますか。	Do you have a single room with a bath?
あいにくシングルは満室ですが、ダブルルームならお取りできます。	There are no vacancies in single rooms but we have a double room.
バス付きの部屋は満室ですが、シャワーのみの部屋なら空きがあります。	Rooms with bath are fully booked up but we have a room with a shower.
1泊いくらですか。	What is the rate per night?
1泊70ドルです。	70 dollars a night.
税金とサービス料は含まれていますか。	Does it include tax and service charge?
朝食付きですか。	Is breakfast included?
もう少し安い部屋はありますか。	Do you have less expensive rooms?
2泊すれば安くしてもらえますか。	Could you discount if I stay for two nights?

その部屋にします。	I'll take the room.
お名前をお願いします。	May I have your name, please?
佐藤です。	My name is Sato.
どのように綴りますか。	Could you spell out your name?
S、A、T、O、サトウ。	S, A, T, O, SATO.
何時ごろいらっしゃいますか。	What time would you like to check in?
6時ごろ伺います。	I'll be there around 6.
遅くなりますが、部屋を確保しておいてください。	I'll arrive late, but please keep the room for me.

INFORMATION

ホテルの部屋のタイプ

　シングル（single；1人用客室）、ダブル（double；ダブルベッドが1つの2人用客室）、ツイン（twin；ベッドが2つの2人用客室）のほかにも、3人部屋のトリプル（triple；通常はツインの客室にエクストラベッドを入れたもの）や、寝室のほかにリビングルームのついたスイート（suite）、リゾートホテルでは、独立した棟で海や庭を眺望するカバナ（cabana）などがある。
　アメリカのホテルではシングルの部屋は少なく、喫煙階、禁煙階とはっきり分かれていることも多い。ヨーロッパのホテルでは、バスタブがなく、シャワーのみの部屋もあるので、予約時に確認を。グループやファミリーには、廊下に出なくても隣の部屋へドア1つで行けるコネクティングルーム（connecting room）をリクエストしてもいいだろう。

チェックイン

　予約のある場合は、フロントに名前を告げてチェックイン。部屋の希望があれば、このときに伝えよう。朝食の場所や時間、チェックアウトの時間も聞いておくといい。カード式の鍵には、安全上の理由で部屋番号が書かれていないので、部屋番号はしっかり頭にインプットしておこう。

　予約なしで部屋を決めるときは、まずフロントにて部屋の空きを確認。ゲストハウスやB＆B（Bed & Breakfastの略；朝食付きの経済的な宿）など小さな宿泊場所だとシャワールームが共同ということもあるので、まず部屋や施設を見せてもらってから決めるといい。アジアやアフリカの安宿ではチェックインの前に必ず部屋を見せてもらおう。

チェックインしたいのですが。	I'd like to check in. アイド ライク トゥ チェック イン
菅谷といいます。日本から予約を入れてあります。	My name is Sugaya. I made a reservation in Japan. マイ ネイム イズ スガヤ アイ メイド ア レザヴェイション イン ジャパン
今日から３泊のご宿泊ですね。	You are going to stay for 3 nights, aren't you? ユー アー ゴウイング トゥ ステイ フォー スリー ナイツ アーント ユー
はい、そうです。	That's right. ザッツ ライト
部屋代は１泊80ドルです。	The room charge is 80 dollars per night. ザ ルーム チャージ イズ エイティ ダラーズ パー ナイト
宿泊カードにご記入ください。	Please fill out this registration card. プリーズ フィル アウト ズィス レジストレイション カード
眺めのいい部屋をお願いします。	I'd like a room with a view. アイド ライク ア ルーム ウィズ ア ヴュー
海側の部屋だとどのくらいの差額がかかりますか。	How much extra do you charge if I stay in a seaside room? ハウ マッチ エクストラ ドゥ ユー チャージ イフ アイ ステイ イン ア スィーサイド ルーム
部屋に冷蔵庫はありますか。	Is there a refrigerator in the room? イズ ゼア ア リフリジャレイタ イン ザ ルーム♪

部屋を見せていただけますか。	May I see the room, please? メイ アイ スィー ザ ルーム プリーズ♪
朝食のレストランの場所はどこですか。	Where is the restaurant for breakfast? ホウェアリズ ザ レストラント フォー ブレックファスト
中2階のレストランで7時から10時までお出ししております。	Breakfast is served at the restaurant on the mezzanine from 7 to 10 o'clock. ブレックファスト イズ サーヴド アット ザ レストラント オン ザ メザニーン フラム セヴン トゥ テン オクラック
貴重品はどこで預かってもらえますか。	Where would you keep my valuables? ホウェア ウッジュー キープ マイ ヴァリュアブルズ

図解 *Information*

宿泊カードの記入法

宿泊カード（registration card）は、ホテルにチェックインするときに記入する。パスポートを見せると向こうで書いてくれることもあるが、できれば自分で書けるようにしておきたい。

■宿泊カード記入例

```
❶ DEPARTURE DATE: 27 AUG    ❷ NEXT DESTINATION: PARIS
❸ FAMILY NAME: TACHIBANA    ❹ FIRST NAME/SPOUSE: SHINJI
❺ HOME ADDRESS/STREET: 1-2-3 NEKOZANE   ❻ CITY: URAYASU
❼ COUNTY/STATE POSTAL CODE: CHIBA, 217   ❾ COUNTRY: JAPAN
❿ COMPANY: ABC LTD   ⓫ POSITION: OFFICE CLERK
⓬ NATIONALITY: JAPANESE  ⓭ PASSPORT NUMBER: TE1016214  ⓮ ISSUED AT: TOKYO
⓯ METHOD OF PAYMENT: ☒AMEX
⓰ GUEST SIGNATURE: 立花 伸二
```

❶出発日 ❷次の目的地 ❸姓 ❹名 ❺現住所（番地） ❻市、町、村
❼県名 ❽郵便番号 ❾国名 ❿勤務先 ⓫役職 ⓬国籍
⓭パスポート番号 ⓮発行地 ⓯支払い方法 ⓰サイン

部屋のトラブル

欧米のスタンダードなホテルでは石けん、シャンプー、タオルは置いてあり、歯ブラシ、リンス、スリッパはないのが普通。部屋に入ったらお湯が出るか、電気はつくか、タオルやアメニティがそろっているかなど基本設備を早めにチェックし、問題があればフロントに電話を。This is room 511. I have a problem.（511号室です。困っているのですが）と切り出せば、話しやすい。「〜が壊れている」は、〜 doesn't work. と言えばいい。直りそうもなければ部屋を変えてもらおう。ホテルの部屋で快適に過ごす時間は旅ではとても大切なもの。トラブルにがまんは禁物だ。

困っています。	I have a problem.
部屋がうるさくて眠れません。	The room is too noisy to sleep.
テレビ［電気／エアコン］がつきません。	The T. V. [light / air conditioning] doesn't work.
部屋が暑すぎます［寒すぎます］。	It's too hot [cold].
空調のスイッチがどこにあるのか教えてください。	Please tell me where the switch for the air conditioning is.
お湯が出ません。	Hot water doesn't come out.
トイレが流れません。	The toilet does not flush.
水道管から水が漏れています。	Water is leaking from the pipe.
電話がつながりません。	The telephone doesn't work.
ドアの鍵が閉まりません［開きません］。	I can't lock [open] the door.
カードキーの使い方を教えてください。	Please tell me how to use the card key.

バスルームにタオル[石けん／シャンプー]がないのですが。	There is no towel [soap / shampoo] in the bathroom.
持って来ていただけますか。	Could you bring it to me?
直していただけますか。	Could you fix it?
部屋の掃除をしていただけますか。	Could you clean the room?
早くしてください。	Please hurry up.
１時間も修理の人を待っているのにまだ来ないのですが。	I have been waiting for a mechanic for one hour.
夕食に出かけている間に直していただけますか。	Could you fix it while I go out for dinner?
部屋を代えてもらえますか。	Could you change the room?
もう少し広い部屋にしてください。	I'd like a larger room.
部屋の鍵をなくしてしまいました。	I lost my room key.
鍵を部屋に置き忘れました。	I left the key in my room.
部屋を開けてもらえますか。	Could you please open the room?
ルームナンバーを忘れてしまいました。	I can't remember my room number.
お湯がバスタブからあふれてしまいました。	Hot water has run over the bathtub.

ホテル編

4 — 部屋のトラブル

ホテルのサービスを利用する

モーニングコールをはじめ、貴重品を預かってもらったり、手紙を出してもらったり、プールやフィットネスクラブを利用したりと、ホテルではさまざまなサービスを受けることができる。ホテルのサービスについては、レストラン案内からベビーシッターに至るまで部屋にあるホテル案内に詳しく載っている。料金のかかるものは、ルームナンバーを告げて部屋につけ、チェックアウトする日にまとめて支払うのが便利だ。

701号室の鍵をください。	701, please. セヴンオウワン プリーズ
出かけます。鍵を預かってください。	I'm going out. Please keep the key. アイム ゴウイング アウト プリーズ キープ ザ キー
明日の朝8時にモーニングコールをお願いします。	I'd like a wake-up call at 8 tomorrow morning. アイド ライク ア ウェイクアップ コール アット エイト トゥマロウ モーニング
部屋番号は511です。	My room number is 511. マイ ルーム ナンバ イズ ファイヴワンワン
貴重品を預かっていただけますか。	Could you keep my valuables? クッジュー キープ マイ ヴァリュアブルズノ

INFORMATION
ホテルのスタッフと役割

大きなホテルでは、スタッフはさまざまな役割のもとに動いている。欧米では役割分担がしっかりしているので、自分の用件をだれに頼めばいいのかを知っておこう。どこに連絡をとったらいいかわからないときは、フロントに相談すれば担当にまわしてくれる。

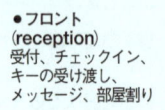

● フロント
(reception)
受付、チェックイン、キーの受け渡し、メッセージ、部屋割り

フロントにあるセーフティボックスをご利用ください。	Please use the safe at the reception.
預けた貴重品を取り出したいのですが。	I'd like to get my valuables back.
このハガキを投函していただけますか。	Could you mail this postcard?
私宛てのメッセージがありますか。	Is there any message for me?
ドライヤーを貸していただけますか。	May I use a hair dryer?
毛布をもう1枚いただきたいのですが。	I'd like an extra blanket.
フィットネスクラブ[テニスコート, プール]を利用したいのですが。	I'd like to use the fitness club [tennis court, swimming pool].
利用料金はいくらですか。	How much is the charge?
代金は部屋につけてください。	Please charge it to my room.

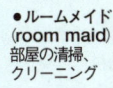

- ●コンシェルジュ (concierge) 劇場・ツアーの予約、手紙の投函
- ●キャッシャー (cashier) 宿泊代の精算、両替、セーフティボックスの管理
- ●ベルボーイ (bellboy) 荷物の運搬、保管
- ●ルームメイド (room maid) 部屋の清掃、クリーニング   
- ●ドアマン (doorman) ホテルやタクシーのドアの開閉 
- ●オペレーター (operator) モーニングコール、電話交換

ホテル編

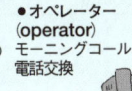

4 ホテルのサービスを利用する

INFORMATION
快適ホテル滞在法

- カードキーには、防犯のために部屋番号が書かれていないので、部屋番号は頭にインプットしておこう。カードキーを部屋の入口近くのボックスに差し込んで電気を作動させるホテルもある。
- 部屋にあるホテル案内書には、チェックアウトの時間からレストランやバー、プール、フィットネスクラブ、ビジネスセンターなど情報がいっぱい。目を通しておけば得する情報が得られることも多い。
- ドアプレートは部屋の外のドアノブにかけて使おう。
  朝寝坊をしたいとき　　DO NOT DISTURB
  掃除をしてほしいとき　PLEASE MAKE UP MY ROOM

- バスルームのコンセントは20W程度のシェーバー専用のことがある。そのような場合、消費電力の大きい湯沸かしポットやドライヤー、アイロンなどには、客室のコンセントを使おう。
- イタリア、スペインなどでバスルームにひもが垂れていたら非常用のもの。むやみに引っぱらないこと。
- ヨーロピアンタイプのホテルでは、バスルームにビデがついているがこれは女性用洗浄器。
- ラテン系の国では、水道の蛇口のCはお湯、Fは水。CをColdだと思って熱湯を浴びないように、まず自分でチェック。
- 貴重品はセーフティボックスに預けるのが安全だ。フロントで預かってもらう場合と、部屋の金庫に自分で入れておく場合とがあり、部屋の金庫は、暗証番号式のものが多い。

■**階数の表示**　　　　　　　　　　※（　）はエレベーター表示

日本	アメリカ	ヨーロッパ
1階	first floor（1）	ground floor（0（ゼロ），G，R，L，T）
2階	second floor（2）	first floor（1）
3階	third floor（3）	second floor（2）

INFORMATION

チップの渡し方のコツ

- あまり固く考えずにキリよく渡すのがポイントだ。
- 紙幣で渡すときは、手のひらに入るくらいに折り、Thank you.とお礼を言いながら握手するようにして、または実際に握手しながら手渡すのがいい感じ。
- チップは何かしてもらったあとにありがとうという気持ちを表現するもの。料金制ではなくチップとして渡すときは、クロークでもトイレでも最後に渡すほうが自然だ。
- 勘定書にservice charge includedとあるときには、料金にサービス料が含まれているので、さらにチップを渡す必要はない。
- gratuityと書かれていたらチップのこと。
- 星のないホテルやB&Bなどホテル以外の宿泊施設では不要。
- 中国、ニュージーランド、オーストラリアなどでは不要。

■チップの目安とあげ方

●ホテルで

ドアマン	タクシーを呼んでもらったときに1ドルくらい
ポーター	荷物1個につき1ドルくらい
ルームサービス	朝食・ドリンクのみは1ドル、夕食・夜食は2ドルくらい
ルームメイド	枕銭として1泊1ドル程度を朝枕元に置いておく
コンシェルジュ	劇場のチケット手配→料金に10%程度プラスして渡す
	レストラン予約を頼んだとき→2ドルくらい
	はがきの投函→切手代プラス20%くらい(投函のみは不要)

●街で

タクシー	料金の10%以内で切りのよい額
レストラン	料金の10~15%くらい
	サービス料込みのときやセルフサービスの店では不要
カフェ・バー	立ち飲み・カウンターは不要
	テーブル席は10%以内で小銭を残す
美容院	料金の10%くらい
	サービス料込みのときは不要
クローク	預けた荷物やコートを受け取るときに1ドルくらい
トイレ	入口に係員がいるときに50セント以内

ルームサービスを頼む

　ルームサービスのメニューは部屋に置いてあるので、電話で注文を。朝食を部屋でとりたいときには、朝食オーダーシート (breakfast order sheet) に記入して部屋のドアの外側にかけておけば、翌朝指定した時間に持って来てくれる。部屋にだれかを入れるときは、サービスを頼んであっても必ず Who is it? (どなた？) と聞いて、のぞき穴から確認を。チップは帰り際に、Thank you. とさりげなく渡そう。

507号室です。	This is room 507.
ルームサービスをお願いします。	Room service, please.
ミックスピザを1つと、ビールを2本お願いします。	One mix pizza and two bottles of beer, please.
明日の朝食を8時に部屋でとりたいのですが。	I'd like breakfast in my room at 8 tomorrow morning.
朝食の注文カードをドアにかけておきましたので取りに来てください。	Could you pick up the breakfast order sheet on the door?
（ノックの音）すみません、いらっしゃいますか。	Excuse me, is anyone in the room?
どなたですか。	Who is it?
ルームサービスです。	Room service.
今開けますので、少しお待ちください。	Just a moment, please. I'll open the door.
どうぞお入りください。	Please come in.

テーブルの上に置いてください。	Put it on the table.	プット イット オン ザ テイブル
サインをお願いします。	Your signature, please.	ユア スィグナチャ プリーズ
どうもありがとう。(チップを渡しながら) これはあなたに。	Thank you. This is for you.	サンキュー ズィス イズ フォー ユー

ホテル編

図解 *Information*

朝食をルームサービスで

時には優雅に部屋で朝食をとってみてはいかが? 電話でも注文できるが、部屋に注文表があればそれに記入し、希望の時間を書いてドアのノブにかけておけば、翌朝目覚めるころには部屋に朝食が運ばれてくる。

■朝食オーダーシートの記入例

1. コンチネンタル・ブレックファスト
2. フルーツジュース
3. シリアル
4. パン
5. 飲み物
6. イングリッシュ・ブレックファスト (コンチネンタル+下から選択)
7. 部屋に持って来てほしい時間
8. 部屋番号
9. 名前
10. 人数

― ルームサービスを頼む

クリーニングを頼む

洗濯物（laundry）があるときには、クロゼットの中に入っているクリーニングの注文用紙に数と種類を記入し、ルームメイドに電話すれば取りに来てくれる。アイロンだけでも頼める。大きなホテルなら朝9時ごろまでに出せばその日のうちに仕上げてくれるが、土日はクリーニングを行わないホテルもあるので、出す前に仕上がりの日をきちんと確かめておこう。

洗濯物があるので取りに来てください。	Could you come to pick up my laundry?
洗濯物を袋に入れて内容を書いてください。	Please put them in the bag and write down the contents.
この衣類を洗濯してほしいのですが。	I'd like to get these clothes cleaned.
ドライクリーニングでお願いします。	Dry cleaning, please.
シャツにアイロンをかけてほしいのですが。	I'd like to get the shirt pressed.
いつ仕上がりますか。	When can I get it back?
明日の朝10時までに仕上げてもらえますか。	Will it be ready by 10 o'clock tomorrow morning?
クリーニングはできましたか。	Have you finished laundry?
昨日お願いした洗濯物がまだ戻って来ないのですが。	I asked the laundry yesterday but I haven't got it back yet.
シャツが1枚足りないのですが。	One shirt is missing.
調べていただけますか。	Could you check it?

図解 *Information*

クリーニング注文用紙の記入法

洗濯、ドライクリーニング、プレスの3種類のサービスを提供しているホテルが多い。注文表は男女で記入欄が違うので注意。

■クリーニング注文用紙の記入例

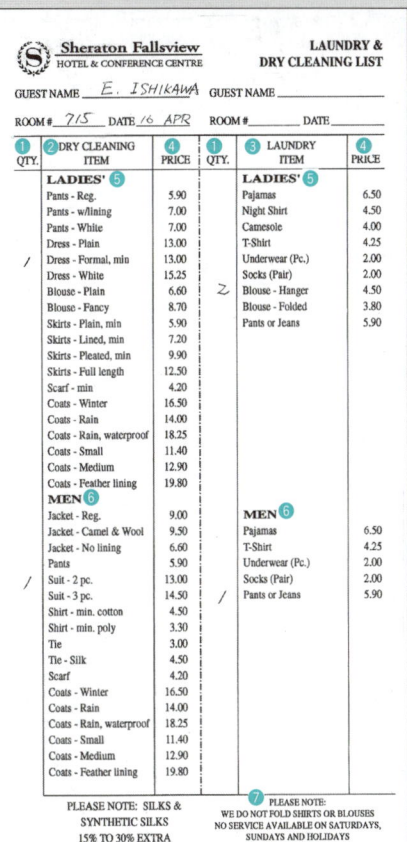

Sheraton Fallsview
HOTEL & CONFERENCE CENTRE

LAUNDRY & DRY CLEANING LIST

GUEST NAME _E. ISHIKAWA_　GUEST NAME _____

ROOM # _715_　DATE _16 APR_　ROOM # _____ DATE _____

❶ QTY.	❷ DRY CLEANING ITEM	❹ PRICE	❶ QTY.	❸ LAUNDRY ITEM	❹ PRICE
	LADIES' ❺			**LADIES'** ❺	
	Pants - Reg.	5.90		Pajamas	6.50
	Pants - w/lining	7.00		Night Shirt	4.50
	Pants - White	7.00		Camesole	4.00
	Dress - Plain	13.00		T-Shirt	4.25
/	Dress - Formal, min	13.00		Underwear (Pc.)	2.00
	Dress - White	15.25		Socks (Pair)	2.00
	Blouse - Plain	6.60	2	Blouse - Hanger	4.50
	Blouse - Fancy	8.70		Blouse - Folded	3.80
	Skirts - Plain, min	5.90		Pants or Jeans	5.90
	Skirts - Lined, min	7.20			
	Skirts - Pleated, min	9.90			
	Skirts - Full length	12.50			
	Scarf - min	4.20			
	Coats - Winter	16.50			
	Coats - Rain	14.00			
	Coats - Rain, waterproof	18.25			
	Coats - Small	11.40			
	Coats - Medium	12.90			
	Coats - Feather lining	19.80			
	MEN ❻			**MEN** ❻	
	Jacket - Reg.	9.00		Pajamas	6.50
	Jacket - Camel & Wool	9.50		T-Shirt	4.25
	Jacket - No lining	6.60		Underwear (Pc.)	2.00
	Pants	5.90		Socks (Pair)	2.00
	Suit - 2 pc.	13.00	/	Pants or Jeans	5.90
	Suit - 3 pc.	14.50			
	Shirt - min. cotton	4.50			
	Shirt - min. poly	3.30			
	Tie	3.00			
	Tie - Silk	4.50			
	Scarf	4.20			
	Coats - Winter	16.50			
	Coats - Rain	14.00			
	Coats - Rain, waterproof	18.25			
	Coats - Small	11.40			
	Coats - Medium	12.90			
	Coats - Feather lining	19.80			

PLEASE NOTE: SILKS & SYNTHETIC SILKS 15% TO 30% EXTRA

❼ PLEASE NOTE: WE DO NOT FOLD SHIRTS OR BLOUSES NO SERVICE AVAILABLE ON SATURDAYS, SUNDAYS AND HOLIDAYS

❶個数
❷ドライクリーニング
❸洗濯物
❹値段
❺女性用
❻男性用
❼シャツ、ブラウスはたたんでお渡ししていません。土、日、祝日のサービスはありません。

ホテル編

4 ── 図解インフォメーション

INFORMATION

マナーを知って快適ホテルライフ

■知らない人にもあいさつを

ホテルのエレベーターなど狭い空間では、知らない人とでも目があったら軽くほほ笑みかけたり、あいさつを交わしたりするのが普通だということを知っておこう。降りるときにも、たとえばGood night. くらい言うのが礼儀だ。知らない人だからといって、知らんぷりするのは欧米ではあまりいいマナーとは言えない。

■ホテルの中もレディーファーストで

欧米では公の場では男性はとにかく女性を立てるもの。エレベーターの乗り降りのとき、部屋に入るとき、レストランの席に座るとき、タクシーに乗るときなど、いつもレディーファーストを心がけよう。女性を尊重できない男性は、一人前と見なされないということを知っておこう。

■ものを頼むときはグッド・タイミングで

フロントでものを頼むときなどには、担当がほかの用事をしているときや、ほかの人と話しているときに割り込むことは避けたいもの。すぐすむ用件だからといって日本でやるように割り込むと、取り合ってもらえないばかりか相手を不愉快にさせてしまう。相手の用がすむのを少し待ち、一段落したところで話しかける余裕をもちたいもの。

■しまった！ 鍵を入れてドアを閉めてしまったら？

ホテルの部屋はたいていオートロックだ。鍵を中に入れたまま部屋を閉めてしまったときには、まずフロントに行って事情を話そう。カードキーならその場ですぐに作り替えてくれる。新しいものに替えたら、古いキーはもう使えなくなる。普通の鍵なら担当が部屋まで出向き、マスターキーで開けてくれる。こんなときにはSorry. と謝ってばかりいるよりも、堂々としておいて、開けてもらったらほほえんで、Thank you. とチップを渡すくらいのほうがカッコいい。

美容院で

大きなホテルなら美容院があるので、旅先でヘアカットというのも気分転換にいい。たいてい予約が必要だが、Walk-ins Welcome（予約なしでもどうぞ）の看板が出ていれば飛び込みもＯＫだ。どんなカットにするかの説明はお互いのイメージの違いがあるため、正しい英語で話しても伝わらないことが多い。写真を見せて Something like this.（こんな感じで）というのが一番間違いがないかもしれない。

このホテルには美容院がありますか。	Is there a beauty salon in this hotel?
今日の午後２時に予約したいのですが。	I'd like to make an appointment at two o'clock this afternoon.
シャンプーとカット［セット］をお願いします。	I'd like a shampoo and haircut [set].
どのようにいたしますか。	How would you like your hair?
最新のヘアスタイルを教えてください。	Please let me know the latest hairstyle.
（写真を見せて）こんな感じでお願いします。	Something like this, please.
毛先だけそろえてください。	Just trim, please.
２インチほどカットしてください。	Could you trim just two inches off?
パーマを軽くかけてください。	I'd like a soft permanent, please.
カラーリングしてください。	I'd like to have coloring.
明るい茶色にしてください。	Make it light brown, please.
気に入りました。どうもありがとう。	Looks great. Thank you.

チェックアウト

　欧米のホテルではチェックアウトは12時が一般的。チェックアウトの前にベルボーイに電話し、荷物を取りに来てもらおう。ロビーに降りたらキャッシャーで支払いを。ホテルの請求書は意外に間違いが多いので、支払いの前に必ず目を通し、不明な点があったら What is this for? (これは何の請求ですか) と明細を指差しながら確認する。納得したら I see. でいいし、逆に使っていないものを請求されたら I didn't use it. (使っていません) ときっちり伝えよう。

　9時前後のチェックアウトはたいへん込み合うので、急ぐときは支払いを前夜にすませておくのが賢明だ。チェックアウトしたあとでも荷物は預かってもらえるので、ベルボーイに頼むといい。

チェックアウトするので、荷物を部屋に取りに来てください。	**I'm going to check out. Could you please come to pick up my baggage?** アイム ゴウイング トゥ チェック アウト クッジュー プリーズ カム トゥ ピック アップ マイ バゲッジ♪
チェックアウトをお願いします。	**Check out, please.** チェック アウト プリーズ
明日の朝早いので、今精算したいのですが。	**I'd like to pay my bill now as I'm leaving very early tomorrow morning.** アイド ライク トゥ ペイ マイ ビル ナウ アズ アイム リーヴィング ヴェリ アーリ トゥマロウ モーニング
お支払いは現金ですか、カードですか。	**Would you pay by cash or charge?** ウッジュー ペイ バイ キャッシュ オア チャージ♪
カードでお願いします。	**Charge, please.** チャージ プリーズ
円建てのトラベラーズチェックは使えますか。	**Do you accept traveler's check in yen?** ドゥ ユー アクセプト トラヴェラーズ チェック イン イェン♪
ミニバーを使いましたか。	**Did you use the mini bar?** ディッド ユー ユーズ ザ ミニ バー♪
ビールを1本飲みました。	**I had a beer.** アイ ハッド ア ビア

この請求は何ですか。	**What is this for?** ホワット イズ ズィス フォー
外線電話は使っていません。	**I didn't make any outside calls.** アイ ディドント メイク エニ アウトサイド コールズ
ルームサービスは現金で支払いました。	**I paid for the room service by cash.** アイ ペイド フォー ザ ルーム サーヴィス バイ キャッシュ
チェックイン時に前金を50ドル支払っています。	**I already paid a deposit of fifty dollars when I checked in.** アイ オールレディ ペイド ア ディパズィット オヴ フィフティ ダラーズ ホウェン アイ チェック イン
もう一度チェックしてください。	**Please check it again.** プリーズ チェック イット アゲン
貴重品を受け取りたいのですが。	**I'd like to get my valuables.** アイド ライク トゥ ゲット マイ ヴァリュアブルズ
ポーターに頼んだ荷物がまだ降りてきていないのですが。	**I haven't received the baggage I asked for porter.** アイ ハヴント リスィーヴド ザ バゲッジ アイ アスクト フォー ポータ
荷物を5時まで預かってもらえますか。	**Could you keep my baggage until five o'clock?** クッジュー キープ マイ バゲッジ アンティル ファイヴ オクラック♪
タクシーを呼んでください。	**Please call a taxi for me.** プリーズ コール ア タクスィ フォー ミー
いろいろお世話になりました。	**Thank you so much.** サンキュー ソウ マッチ
おかげさまで楽しく滞在できました。	**Thank you. I had a nice time here.** サンキュー アイ ハッド ア ナイス タイム ヒア

図解 *Information*

ホテルの請求書をチェック

請求書はたいてい左から日付、請求項目、金額が書かれ、下に合計額が書かれている。VATは税金のこと。特に電話代やミニバーの請求に間違いが多いので、必ず請求項目を確認してから支払おう。

■ホテルの請求書例
- ❶日付
- ❷Room Charge　室料
- ❸Service Charge　サービス料
- ❹Room VAT　室料税金
- ❺Transportation Service　車代、送迎代など
- ❻項目ごとの請求額
- ❼合計請求額

```
บริษัท ราชสีมานครทิพย์ จำกัด              RATCHASIMA NAKORNTHIP CO.,LTD.
311 ถ.มิตรภาพ ต.เมือง จ.นครราชสีมา 30000        311 Mittraphab Rd., Amphur Muang,
โทร. (044) 261277, 262500 แฟกซ์ (044) 261278              Nakorn Ratchasima 30000
เลขประจำตัวผู้เสียภาษีอากร 3 30 1005 466         Tel. (044) 261277, 262500 Fax. (044) 261278

             Rachaphruk
              GRAND HOTEL
                                              FOLIO

NAME                         ROOM
ADDRESS                      RATE
                             ARRIVAL
                             DEPARTURE    4792
   TOYAMA, AKIRA MRS.        NO. IN PARTY 412
                                          746.81     12:06pm

  DATE       REFERENCE          DESCRIPTION   09/07/97         AMOUNT
                                              12/07/97
    JAPAN                                        1
                         Check Out By:NONG  Time: 10:26am

❶
  09/07/97    R412         ROOM CHARGE ❷                       746.81
  09/07/97    R412         SERVICE CHARGE ❸                     74.68
  09/07/97    R412         ROOM VAT 7% ❹                        57.50
  10/07/97                 DOUBLE TREE BREAKFAST               120.00
  10/07/97    00015        TRANSPORTATION SERVICE ❺            200.00
  10/07/97    00016        TRANSPORTATION SERVICE            1,500.00
  10/07/97    R412         ROOM CHARGE                         746.81
  10/07/97    R412         SERVICE CHARGE                       74.68
  10/07/97    R412         ROOM VAT 7%                          57.50
  11/07/97                 DOUBLE TREE BREAKFAST               120.00
  11/07/97    00018        TRANSPORTATION SERVICE            1,500.00
  11/07/97    00020        MISCELLANEOUS                       290.00
  11/07/97    R412         ROOM CHARGE                         746.81
  11/07/97    R412         SERVICE CHARGE                       74.68
  11/07/97    R412         ROOM VAT 7%                          57.50
  12/07/97                 DOUBLE TREE BREAKFAST               120.00
  12/07/97                 SERVICE CHARGE                          .03

                           BALANCE DUE...                    6,487.00
                                                             ========
                           NET CHARGES                       6,271.98
                           10% SERVICE CHARG   2,240.43           .00
                           VAT 7%              3,071.98        215.02
                           TOTAL                             6,487.00
                           TOTAL PAYMENTS                         .00
                           BALANCE DUE                       6,487.00 ❼

BILL TO                                      Regardless of charge instruction. I acknowledge that I am
                                             personally liable for the payment of the above statement.

I agree that my liability for this bill is not waived and agree to be held
personally liable in the event that the indicated person, company or          GUEST'S SIGNATURE _____
association fails to pay for any part or the full amount of these charges.
                                                                              G.S.A. SIGNATURE _____
```

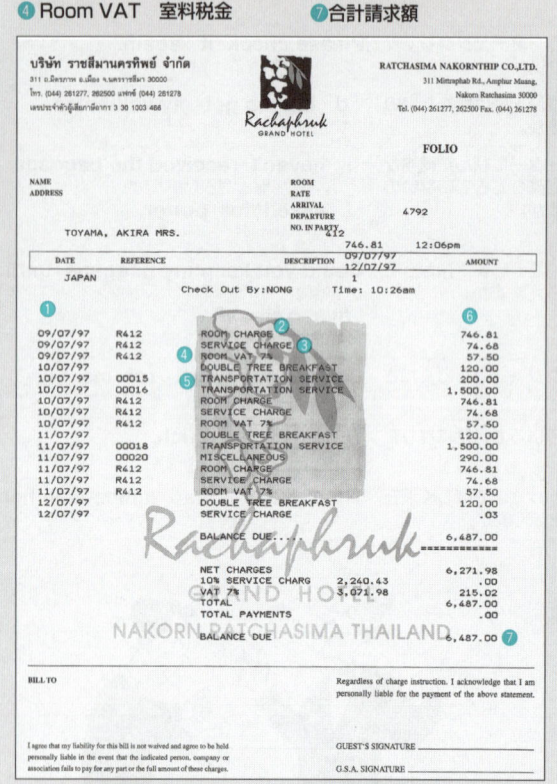

ホテル編ワードマーケット

宿泊に関する用語

予約	reservation レザヴェイション
予約確認書	confirmation slip コンファメイション スリップ
空きがある	vacant ヴェイカント
前金	deposit ディパズィット
宿泊料	room charge ルーム チャージ
〜泊	〜 night / nights ナイト ナイツ
税金	tax タックス
サービス料	service charge サーヴィス チャージ
〜込み	included 〜 インクルーデッド
精算する	pay my bill ペイ マイ ビル
請求書	bill ビル
領収書	receipt リスィート
1人部屋	single room スィングル ルーム
2人部屋	twin room (ベッド2つ) トウィン ルーム double room (ベッド1つ) ダブル ルーム
3人部屋	triple room トリプル ルーム
スイート	suite room スウィート ルーム
ドミトリー	dormitory ドーミトーリ (多人数用の共同寝室)
バス付き	with a bath ウィズ ア バス
シャワー付き	with a shower ウィズ ア シャワア
朝食付き	included breakfast インクルーディド ブレックファスト
静かな部屋	quiet room クワイエット ルーム
眺めのいい部屋	room with a view ルーム ウィズ ア ヴュー
海側の部屋	seaside room スィーサイド ルーム
宿泊カード	registration card レジストレイション カード
国籍	nationality ナショナリティ
署名	signature スィグナチャ
貴重品	valuables ヴァリュアブルズ
セーフティボックス	safe セイフ
モーニングコール	wake-up call ウェイカップ コール
外線電話	outside call アウトサイド コール
市内電話	local call ロウカル コール
長距離電話	long-distance call ローングディスタンス コール

ホテル設備

ロビー	lobby ラビ
フロント	reception リセプション
レストラン	restaurant レストラント
コーヒーショップ	coffee shop コーフィ シャップ
バー	bar バー
宴会場	banquet room バンクウェット ルーム
プール	swimming pool スウィミング プール
美容院	beauty salon ビューティ サロン
エレベーター	elevator / 《英》lift エレヴェイタ リフト
階段	stairs ステアズ

ホテル編 — ワードマーケット

非常口	emergency exit (イマージェンスィ エグズィット)
ホテル内電話	house phone (ハウス フォウン)
自動販売機	vending machine (ヴェンディング マシーン)

ホテル・ルーム

ベッド	bed (ベッド)
テーブル	table (テイブル)
サイドテーブル	side table (サイド テイブル)
ソファ	sofa (ソウファ)
机	desk (デスク)
椅子	chair (チェア)
照明	light (ライト)
テレビ	TV (ティーヴィー)
ラジオ	radio (レイディオウ)
洋服ダンス	closet (クラゼット)
冷蔵庫	refrigerator (リフリジャレイタ)
ミニバー	mini bar (ミニ バー)
灰皿	ashtray (アッシュトレイ)
空調（エアコン）	air conditioner (エア コンディショナ)
暖房	heating (ヒーティング)
コンセント	outlet (アウトレット)
毛布	blanket (ブランケット)
枕	pillow (ピロウ)
シーツ	sheet (シート)

バスルーム | bathroom

バスタブ	bathtub (バスタブ)
蛇口	faucet /《英》tap (フォーセット / タップ)
便器	toilet seat (トイレット スィート)
ビデ	bidet (ビデイ)
タオル	towel (タウエル)
バスマット	bath mat (バス マット)
ドライヤー	hair dryer (ヘア ドライア)
石けん	soap (ソウプ)
シャンプー	shampoo (シャンプー)
リンス	hair conditioner (ヘア コンディショナ)

クリーニング | laundry

洗濯物	laundry (ローンドリ)
ドライクリーニング	dry cleaning (ドライ クリーニング)
アイロンがけ	pressing (プレスィング)
下着	underwear (アンダウェア)
シャツ	shirt (シャート)
ズボン	pants (パンツ)
スーツ	suit (スート)
ジャケット	jacket (ジャケット)
ブラウス	blouse (ブラウス)
スカート	skirt (スカート)
ワンピース	dress (ドレス)
しみ	stain (ステイン)

PART 5

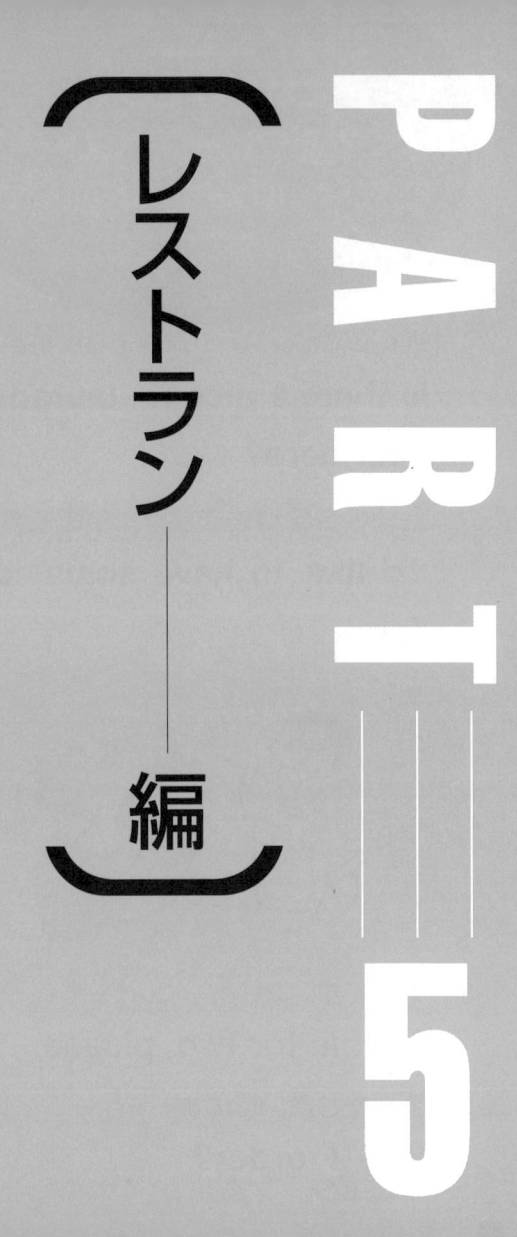

【レストラン編】

これだけでOK!
よくでるフレーズベストテン
[レストラン編]

1. 近くにいいレストランはありますか。

Is there a nice restaurant near here?
イズ ゼア ア ナイス レストラント ニア ヒア♪

2. 土地の名物料理を食べたいのですが。

I'd like to have some local food.
アイド ライク トゥ ハヴ サム ロウカル フード

3. 2名です。

A table for two, please.
ア テイブル フォー トゥー プリーズ

4. 注文をお願いします。

May I order?
メイ アイ オーダ♪

5.	おすすめ料理は何ですか。

What do you recommend?
ホワット ドゥ ユー レコメンド

6.	ハウスワインはありますか。

Do you have house wine?
ドゥ ユー ハヴ ハウス ワインノ

7.	（メニューを指して）これにします。

I'll have this.
アイル ハヴ ズィス

8.	ミディアムで焼いてください。

Medium, please.
ミーディアム プリーズ

9.	ビールのお代わりをください。

Another beer, please.
アナザ ビア プリーズ

10.	勘定をお願いします。

Check, please.
チェック プリーズ

レストランを探す・予約する

ホテルの近くのレストランならコンシェルジュに聞くのがベスト。何を食べたいか、予算はいくらかなどを決めてから相談したほうがいいだろう。レストランが決まったら電話番号とアドレスをもらい、必要なら予約を入れよう。頼めばコンシェルジュが予約を入れてくれるが、その場合は自分の名前、希望の時間、人数（MR. SATO, 8:00PM, 2PAX）を書いたメモを手渡し、Could you make a reservation for me? と言えばOKだ。

いいレストランほど服装にうるさいので、予約時にドレスコード（dress code；服装の決まり）も確認しておくといい。

ホテルの近くにいいレストランはありますか。	Is there a nice restaurant near the hotel? イズ ゼア ア ナイス レストラント ニア ザ ホウテルノ
どのレストランがおすすめですか。	Which restaurant do you recommend? ホウィッチ レストラント ドゥ ユー レコメンド
雰囲気がよくてあまり高くないレストランを教えてください。	Please tell me a reasonable restaurant with a good atmosphere. プリーズ テル ミー ア リーズナブル レストラント ウィズ ア グッド アトモスフィア
おいしいシーフードのレストランをご存じですか。	Do you know a nice seafood restaurant? ドゥ ユー ノウ ア ナイス スィフード レストラントノ
軽食のとれる店を探しています。	I'm looking for a restaurant for a light meal. アイム ルッキング フォア ア レストラント フォア ア ライト ミール
行き方を教えてください。	Please tell me how to get there. プリーズ テル ミー ハウ トゥ ゲット ゼア

◀ レストランの看板

歩いて行けますか。	Can I go there on foot? キャナイ ゴウ ゼア オン フットゥ ♪
最寄りの地下鉄の駅はどこですか。	Where is the nearest subway station? ホウェアリズ ザ ニアリスト サブウェイ ステイション
予約が必要ですか。	Do I need a reservation? ドゥ アイ ニード ア レザヴェイション ♪
予約をしてもらえますか。	Could you make a reservation? クッジュー メイク ア レザヴェイション ♪
電話番号を教えてもらえますか。	May I have the telephone number? メイ アイ ハヴ ザ テレフォウン ナンバ ♪
今夜7時に2名で予約をお願いします。	I'd like a reservation for two at seven tonight. アイド ライクア レザヴェイション フォー トゥー アット セヴン トゥナイト
何時なら予約が入りますか。	What time will I get a table? ホワッタイム ウィル アイ ゲット ア テイブル
服装の決まりはありますか。	What is the dress code like? ホワット イズ ザ ドレス コウド ライク
Tシャツやジーンズはご遠慮ください。	No T-shirts and jeans, please. ノウ ティーシャーツ アンド ジーンズ プリーズ
ジャケットにタイ着用でお願いします。	A jacket and tie, please. ア ジャケット アンド タイ プリーズ

INFORMATION
レストラン予約を自分で入れよう

　コンシェルジュに頼むくらいなら自分で予約を入れてしまったほうが手っ取り早いとわかっていても、電話するとなると気おくれしてしまう人は案外多いようだ。レストラン予約のための英会話は実はとてもシンプル。自分の名前を伝えて、行く日、時間、何人かという3点を告げるだけでOKなのだ。予約がいっぱいのとき以外は、たいていの場合相手から返ってくるセリフはAll right. See you tonight. くらいなものだ。

レストランに入る

予約してあれば、名前を言うとテーブルに案内してくれる。予約がないときはたいてい How many, sir?(何名様ですか)のように聞かれるので、Two, please. などと答えればよい。レストランにはバーが付属していることが多いので、満席のときはバーで待つという手もある。

こんばんは。7時に予約してある佐藤ですが。	Good evening. I have a reservation at seven. My name is Sato.
2名の席をお願いします。	A table for two, please.
あいにくただ今満席です。	I'm afraid all our tables are full now.
バーでお待ちいただけますか。	Would you mind waiting at the bar?
長く待たなければなりませんか。	Do we have to wait for a long time?
何時になら入れますか。	What time do you think you can prepare a table for us?
30分でご用意できます。	We can make it in half an hour.
では8時に予約を入れていただけますか。	All right. Then could you reserve it for us at eight?
禁煙ですか喫煙ですか。	Smoking or nonsmoking?
禁煙でお願いします。	Nonsmoking, please.
窓際の席にしてもらえますか。	Could you give me a table by the window, please?

レストランで──食事を注文する

　きちんとしたレストランなら、注文はまず前菜から一品、メインから一品選ぶのが一般的。デザートやコーヒーは食事がすんでから、おなかの具合と相談して注文しよう。食前酒にはキール、ドライシェリー、シャンパンなどがあるが、省いてワインにいってもかまわない。メニュー選びに時間をかけるのは当然というのが欧米の考え方。わからないことは遠慮せずウエーターに聞いて、おいしい料理にありつこう。

　会計はテーブルごとにするのが普通なので、勘定を別々にしてほしいときはあらかじめ注文のときに伝えておこう。

メニューを見せてください。	May I have a menu, please?
日本語のメニューはありますか。	Do you have a Japanese menu?
ワインリストを見せてもらえますか。	Could you show me the wine list?
ご夕食の前にお飲み物はいかがですか。	Would you like anything to drink before dinner?
彼女にマティーニを、僕にはドライシェリーをください。	Martini for her and dry sherry for me, please.
ご注文はお決まりですか。	Are you ready for order?
まだ決まっていませんので、少し待ってください。	Not yet. Give me a moment, please.

おすすめ料理は何ですか。	**What do you recommend?**
土地の名物料理はありますか。	**Do you have any local specialty?**
定食はありますか。	**Do you have a set menu?**
(メニューを指差して)これはどういう料理ですか。	**What is this like?**
(隣の人に)すみませんが、召し上がっているのは何という料理ですか。おいしそうなので。	**Excuse me, may I ask you the name of your dish? That looks delicious.**
この料理はスパイスがきいていますか。	**Is this dish very spicy?**
どんなソースを使っていますか。	**What kind of sauce do you use for this dish?**
このステーキランチにはポテトがつきますか。	**Is this Stake Lunch served with potatoes?**
これとこれはどう違うのですか。	**What is the difference between this and this?**
料理に時間がかかりますか。	**Does it take long to prepare?**
注文をお願いできますか。	**Could you take an order?**
勘定書は別々にしてください。	**Could you give us separate checks, please?**
前菜に生ガキを半ダース、メインにはサーモンのグリルをいただきます。	**I'll have a half dozen of fresh oysters to start, then grilled salmon for main dish, please.**

図解 *Information*

レストランのメニューを読もう

いきなり英語のメニューを出されると、どう頼んでよいものかとまどってしまう。けれど、メニューの構成を知っておけば大丈夫。ディナーなら、前菜かスープから1品、メイン（肉か魚）から1品頼むのが基本だ。後はおなかのすき具合と相談して考えて。

❶レストランの名前
❷住所
❸開店日と営業時間
❹前菜とスープ
　前菜はSTARTERまたフランス風にHORS D'OEUVREと書かれることもある。
❺メインコース
　MAIN DISHと書かれることもある。このレストランでは、まず肉料理が紹介されている。
❻肉料理は、サラダ、野菜、ポテト付き。
❼本日のおすすめ料理はボードにて。
❽メインコースの魚料理
❾魚料理は、サラダ、野菜、ライス付き。
❿サイドオーダー　Garnishとあったら、付け合わせのこと。
⓫デザート
⓬日替りデザートはスタッフまで。

---

❶ Angel's

❷ 115 Greenwich Ave.
❸ Lunch 12h-15h Dinner 19h-23h
Open Monday-Saturday

❹ APPETIZERS & SOUPS

Shrimp cocktail ································$7.75
Prawn and avocado salad ···············$8.75
Smoked eel pate ·····························$8.75
French onion soup ·························$6.50
Soup of the day ······························$5.50

❺ ENTRÉES

New York sirloin steak ················$15.75
Roast chicken with tarragon ·········$9.50
Roast turkey with cranberry sauce ·······$9.50
Grilled lamb chop ··························$9.50
Chicken and mushroom pie ·········$8.75

❻※ Served with salad, vegetable of the day and potato.
❼ Today's Specials ── See on board

❽ SEAFOOD

Charcoal-grilled salmon with dill sauce ··········$12.75
Sautéed prawn with almonds ····················$11.50
Grilled seafood special ·························$17.50

❾※ Served with salad, vegetable of the day and rice.

❿ SIDE ORDERS

French fries ····································$3.00
Steamed vegetable of the day ·······$3.25
Garlic bread ····································$2.50

⓫ DESSERTS

Apple crumble with cream ············$3.50
Chocolate mousse ··························$3.50

⓬※ Special homemade desserts daily.
　　Please ask about today's delights.

本日のスペシャル料理をください。	Today's special, please.
(隣の人のお皿を指して)あれと同じものを。	The same dish as that, please.
(メニューを指して)これとこれにします。	I'll have this and this.
(前の人が注文したあとで)同じものにします。	I'll have the same.
ステーキの焼きかげんはどうなさいますか。	How would you like your stake?
ミディアム[レア／ウェルダン]にしてください。	Medium [Rare / Well-done], please.
グレービーソースはかけないでください。	Without gravy, please.
ドレッシングはどうしますか。	How about the dressing?
イタリアンをお願いします。	Italian, please.
どんなワインがありますか。	What kind of wine do you have?
ハウスワインはありますか。	Do you have house wine?
ワインはグラスで注文できますか。	May I order wine by a glass?
辛口の赤ワインでは、どれがおすすめですか。	What do you recommend for dry red wine?
地元のワインを試してみたいのですが。	I'd like to try some local wine.
この料理に合う手ごろなワインを選んでください。	Could you select the reasonable wine which goes well with this dish, please?

レストランで――食事中に

欧米では夕食に2時間くらいかけるのは普通。食事は会話を楽しみながら、ゆっくりとしたいもの。ウエーターはテーブルごとに担当が決まっている。オーダーを取りに来た人が担当なので、用があればその人に頼もう。ウエーターを呼ぶときは、手を上げるか、Excuse me. と声をかける。

すみません、お塩を取ってください。	Excuse me, could you pass me the salt, please?
パンをもう少しください。	Some more bread, please.
ワインのお代わりをください。	Another glass of wine, please.
この料理はどうやって食べるのですか。	How can I eat this?
この野菜[魚]は何ですか。	What is this vegetable [fish]?
ナイフを落としてしまいました。	I dropped the knife.
不都合はありませんか。	Is everything OK?
だいじょうぶです。	Fine, thank you.
おいしいです。	It's delicious.
注文を取り消したいのですが。	May I cancel my order?
これは注文していません。	I didn't order this.

料理がまだ来ていません。	**My dish hasn't come yet.** マイ ディッシュ ハズント カム イェット
ステーキが生焼けですが。	**This steak is quite raw.** ズィス ステイク イズ クワイト ロー
おすみですか。	**Have you finished?** ハヴ ユー フィニッシュトノ
はい。／いいえ、まだです。	**Yes, thank you. / Not yet.** イェス サンキュー ナット イェット
テーブルをかたづけてください。	**Could you clean the table?** クッジュー クリーン ザ テイブルノ
デザートをいただきたいのですが。	**I'd like some dessert.** アイド ライク サム ディザート
どんなデザートがありますか。	**What do you have for dessert?** ホワット ドゥ ユー ハヴ フォー ディザート
フルーツはありますか。	**Do you have some fresh fruit?** ドゥ ユー ハヴ サム フレッシュ フルートノ
もう一度メニューを見せてもらえますか。	**May I see the menu again?** メイ アイ スィー ザ メニュー アゲンノ
コーヒーだけでけっこうです。	**Just coffee, please.** ジャスト コーフィ プリーズ

INFORMATION

海外のミネラルウォーター

　海外では、レストランでもカフェでも水は注文しなければ出てこないのが普通。水質が悪い国も多いので、ミネラルウォーターを買って飲むことが多くなる。水はタダではないのだ。

　ミネラルウォーターには炭酸入りと炭酸なしがあり、特にヨーロッパで好んで飲まれているのは炭酸入り。フランスのペリエ (Perrier) やドイツのアポリナリス (Apollinaris) は、このガス入りウォーターの代表選手。炭酸入りは慣れると肉料理にも合い、さっぱりしておいしいが、日本人の口には、エビアン (Evian) やヴィッテル (Vittel) など、炭酸抜きのほうが合うようだ。ミネラルウォーターと注文するだけだと炭酸入りが来ることが多いので、炭酸なしの普通の水が欲しいときは注文のときに without gas とか Non gas（ノンギャス）, please. とつけ加えよう。

レストランで――支払い

　支払いはレジに行かず、テーブルで。食事がすんだら担当のウエーターを呼び、Check, please.（アメリカ）、または Bill, please.（イギリス）と言うと、勘定書を持って来てくれる。

　勘定書にサービス料（service charge）が上乗せされていれば、チップは不要。書かれていないときは、満足度に応じて10%程度のチップを渡すのが習慣だ。勘定書を見てもサービス料込みかどうかがわからないときは、ウエーターに聞くかメニューを見て確認しよう。サービス料込みのときは、メニューの下の方に service charge included と書いてある。

お勘定をお願いします。	**Check, please.** チェック　プリーズ
私が支払います。	**I'll take care of the bill.** アイル　テイク　ケア　オヴ　ザ　ビル
全部でいくらですか。	**How much is it in total?** ハウ　マッチ　イズ　イット　イン　トウトル
サービス料は含まれていますか。	**Is service charge included?** イズ　サーヴィス　チャージ　インクルーデッド♪
カードで支払います。	**I'll pay with the credit card.** アイル　ペイ　ウィズ　ザ　クレディット　カード
トラベラーズチェックは使えますか。	**Do you accept traveler's check?** ドゥ　ユー　アクセプト　トラヴェラーズ　チェック♪
（ホテルの）部屋につけてください。	**Please charge it to my room.** プリーズ　チャージ　イット　トゥ　マイ　ルーム
ここにサインをしてください。	**Please sign here.** プリーズ　サイン　ヒア
これは何の勘定ですか。	**What is this charge for?** ホワット　イズ　ズィス　チャージ　フォー
勘定書が間違っています。	**There is a mistake on the check.** ゼア　リズ　ア　ミステイク　オン　ザ　チェック
魚料理は頼んでいません。	**We didn't order fish.** ウィー　ディドント　オーダ　フィッシュ
ありがとう。とてもおいしかったです。	**Thank you. We really enjoyed the meal.** サンキュー　ウィー　リアリ　インジョイド　ザ　ミール

マナーの違いを知る──高級レストラン編

　一般にレストランが高級になればなるほどマナーに気をつかわなければならないのは欧米も同じこと。けれどこれから料理を楽しもうというのに、あまり堅くなってしまってもつまらない。日本と勝手が違う海外のレストランで気持ちよく食事をするために、いくつかの習慣やマナーの違いを知っておこう。

■席につくまで
- 席は案内されるのを待ってから。空いているからといって勝手に座るのはルール違反だ。
- コートは入口でクロークに預けよう。
- 席を案内してくれる人に禁煙席や窓側の席などのリクエストを入れるのはもちろんOK。禁煙、喫煙については向こうから聞いてくるのが普通だ。全席禁煙のレストランも増えているので確認しておこう。

■食事中
- 注文はゆっくりでかまわない。メニューでわからないことは遠慮なく聞いて、おいしい料理にありつこう。
- 高級レストランでは飲み物はウエーターがついでくれるので、つぎあって飲まないほうがスマートだ。席を立ってお酌をしたり、女性が男性につぐのはちょっとおかしい。
- グラスに注いでもらうときは、手をそえる程度でテーブルから持ち上げない。
- 注文を取りに来たのがあなたの担当ウエーターだ。よく覚えておき、食事中に何か頼むときは彼を呼ぼう。役割分担がはっき

りしているので、ほかの人を呼んでも取り合ってもらえない。
- ナイフとフォークは外側のものから使う。食事中ナイフやフォークを落としたらウエーターを呼んで、新しいものをもらおう。
- 食事中最大のタブーは、スープやスパゲティーをラーメン感覚でズルズルすすって食べること。これはお皿をなめるに匹敵するくらいとんでもないことで、まわりの客をふり向かせること受け合い。スープやパスタはくれぐれも音を立てないで食べよう。
- 西洋料理では南スペインなど一部を除き、取り皿をもらってお互いの取ったものを分けて食べる習慣はない。お皿を回して料理を分け合うのもマナーにかなったものではない。味見をするなら隣の人と目立たないようにしよう。
- 中座するときは、ナプキンは椅子の上に。
- タバコはデザートまで待ってから。

■支払い
- 支払いは担当ウエーターを呼びテーブルで。お釣りが必要なときは、いったん席でお釣りを受け取り、テーブルにチップを残して店を出る。
- カードで支払うときは、勘定書に金額を記入しサインをする。チップの分だけ現金でテーブルに置くか、Tip＄10などと書き込んでサインする。
- 料理を楽しんだら、ウエーターなどのスタッフにお礼を言って店を出よう。

バーで

カフェやバーでの基本フレーズは、〈飲みたいもの＋please〉。欧米のバーでは、カウンターで注文と支払いをし、ドリンクを受け取るというキャッシュオンデリバリー（cash on delivery）のところが多い。アメリカではビールはバドワイザー、クアーズなどブランドで、ウイスキーもスコッチ、バーボン、または特定の銘柄を指定して頼む。イギリスのパブでは、ビールの注文には glass の代わりに pint（パイント）という単位が使われる。たとえば大グラスなら A pint of lager、小グラスなら A half pint of lager と注文する。

生ビールをください。	Draft beer, please.
ジントニックをください。	Gin and tonic, please.
スコッチの水割りをください。	Scotch and water, please.
バーボンのダブルをオンザロックで。	Double bourbon on the rock, please.
銘柄は何がよろしいですか。	What brand would you like?
バランタインの10年ものはありますか。	Do you have Ballantine's 10 years old?
オリジナルカクテルはありますか。	Do you have any original cocktail?
それはどんなものですか。	How is it like?
つまみはありますか。	Do you have something to eat?
お代わりをください。	Another one, please.

ファーストフードの店で

　食事を簡単にすませたいときの強い味方がファーストフード。早いのは料理だけでなく、会話も短く略式だ。カジュアルな会話のレッスンの場にはうってつけだから、土地っ子気分で注文してみよう。

　個人主義のお国柄を反映し、サンドイッチはパンの種類から始まって、具もソースも好みで注文するので最初はドギマギするが、注文はほとんど、〜，please. と単語を並べるだけでいいから慣れれば簡単だ。

　ちなみにフライドポテトはアメリカでは French fries だが、イギリスでは chips。フライドポテトといっても通じない。

ハンバーガーとフライドポテトの大をください。	A hamburger and a large French fries, please. ア　ハンバーガ　アンド　ア　ラージ　フレンチ　フライズ　プリーズ
トマトとオニオンを入れますか。	With tomato and onion? ウィズ　トメイトウ　アンド　アニオン♪
入れてください。	Yes, please. イェス　プリーズ
オニオン抜きでお願いします。	No onion, please. ノウ　アニオン　プリーズ
トマトとレタス入りのローストチキンサンドをお願いします。	A roast chicken sandwich with tomato and lettuce, please. ア　ロウスト　チキン　サンドウィッチ　ウィズ　トメイトウ　アンド　レタス　プリーズ
パンの種類は何にしますか。	What kind of bread would you like? ホワット　カインド　オヴ　ブレッド　ウッジュー　ライク
ライ麦パンにしてください。	Rye, please. ライ　プリーズ
マヨネーズとマスタードはつけますか。	How about mayonnaise and mustard? ハウ　アバウト　メイオネイズ　アンド　マスタド
マヨネーズだけお願いします。	Just mayonnaise, please. ジャスト　メイオネイズ　プリーズ
お飲み物は何になさいますか。	Something to drink? サムスィング　トゥ　ドリンク♪
コーラの小を1つください。	A small coke, please. ア　スモール　コウク　プリーズ

ご注文は以上でよろしいですか。	Is that all? イズ ザット オール ↗
ここで召し上がりますか、お持ち帰りですか。	For here or to go? フォー ヒア オア トゥ ゴウ
ここで食べます。／持ち帰ります。	For here. / To go. フォー ヒア　　トゥ ゴウ
（ディスプレーの料理を指差しながら）これとあれをください。	Can I have this and that, please. キャナイ ハヴ ズィス アンド ザット　プリーズ ↗
温めますか。	Make it hot? メイク イット ハット ↗
お願いします。	Yes, please. イェス　プリーズ
ナイフとフォークはどこにありますか。	Where can I get a knife and fork? ホウェア キャナイ ゲット ア ナイフ アンド フォーク
あそこです。ご自分でお取りください。	Over there. Please help yourself. オウヴァ　ゼア　　プリーズ ヘルプ　ユアセルフ
ここに座ってもいいですか。	May I sit here? メイ アイ スィット ヒア ↗
どうぞ。	Sure. シュア

レストラン編 5 ファーストフードの店で

98

INFORMATION
一日の元気なスタートは朝食から

旅先では朝食はホテルでとることが多くなる。ホテルの予約に入っている場合は、自分の朝食プランがどんな種類なのか知っておくといい。アメリカ・タイプのホテルではビュッフェが多いが、もちろんアラカルトでのオーダーもできる。イギリスのB＆Bや伝統的なホテルに泊まると、食べたいものや卵の調理法をたずねられることがある。

■朝食の種類
コンチネンタル・ブレックファスト（Continental breakfast）
ヨーロッパタイプの簡単な朝食。クロワッサンなどのパンにジュース、コーヒーとシンプル。シリアルやチーズ、ヨーグルトがつくこともある。

アメリカン・ブレックファスト（American breakfast）
コンチネンタルに卵料理やベーコン、ソーセージなどの温かい料理がプラスされた朝食。

イングリッシュ・ブレックファスト（English breakfast）
伝統的な英国の朝食。トーストに卵料理、ソーセージ、ベーコン、焼きトマト、ハッシュドポテトなどがついてボリュームたっぷり。朝食でもコーヒーより紅茶を飲むのが英国風。

■卵料理の注文法
How would you like your eggs? と聞かれたら、卵をどんなふうに料理して食べたいかということ。たとえば、いり卵なら scrambled (eggs), please. というふうに答えよう。こんなときのために卵料理の名前を知っておくと便利だ。

scrambled egg …いり卵
soft-boiled egg …ゆで卵（半熟）
hard-boiled egg…ゆで卵（固ゆで）
fried egg ………目玉焼き
sunny-side up …目玉焼き（片面焼き）
over easy ………目玉焼き（両面焼き）
poached egg ……落とし卵
omelet …………オムレツ

レストラン編ワードマーケット

メニュー選びのキーワード

- 一品料理 …… à la carte (ア ラ カート)
- コース料理 …… fixed menu (フィックスト メニュー) / table d'hôte (ターブル ドゥト)
- 本日のおすすめ料理 …… today's special (トゥデイズ スペシャル)
- メニュー …… menu (メニュー)
- 食前酒 …… aperitif (アペリティーフ)
- 前菜 …… appetizer (アピタイザ) / starter (スタータ)
- スープ …… soup (スープ)
- 主料理／メインディッシュ …… main dish (メイン ディッシュ) / entrée (アーントレイ)
- サラダ …… salad (サラド)
- 付け合わせ …… garnish (ガーニッシュ)
- パン …… bread (ブレッド)
- デザート …… dessert (ディザート)
- 予約 …… reservation (レザヴェイション)
- 注文する …… order (オーダ)
- 勘定書 …… check (チェック) /《英》bill (ビル)
- サービス料 …… service charge (サーヴィス チャージ)
- 税金 …… tax (タックス)
- 席料 …… cover charge (カヴァ チャージ)

前菜 | appetizer

- キャビア …… caviar (キャヴィアー)
- アンチョビ …… anchovy (アンチョウヴィ)
- カナッペ …… canapé (キャナピ)
- スモークサーモン …… smoked salmon (スモウクト サモン)
- イワシのオイル漬け …… oiled sardine (オイルド サーディン)
- 生ガキ …… oyster (オイスタ)
- エスカルゴ …… escargot (エスカーゴウ)
- エビのカクテル …… shrimp cocktail (シュリンプ カクテル)
- 前菜の盛り合わせ …… assorted appetizers (アソーティド アピタイザーズ)
- 生ハムとメロン …… fresh melon with prosciutto (フレッシュ メロン ウィズ プロウシュートゥ)
- テリーヌ …… terrine (テリーン)

スープ | soup

- コンソメ …… consommé (カンサメイ)
- ポタージュ …… pottage (パティジ)
- オニオンスープ …… French onion soup (フレンチ アニアン スープ)
- コーンスープ …… corn soup (コーン スープ)
- クリームスープ …… cream soup (クリーム スープ)
- 野菜スープ …… vegetable soup (ヴェジタブル スープ)
- チキンヌードルスープ …… chicken noodle soup (チキン ヌードル スープ)
- ミネストローネ …… minestrone (ミネストロウニ)
- ビスク …… bisque (ビスク)（エビやカニの入ったクリームスープ）
- チャウダー …… chowder (チャウダ)

ガスパーチョ	gazpacho ガスパーチョ (冷やして出すスペインの野菜スープ)
ビシソワーズ	vichyssoise ヴィシスワーズ (ジャガイモで作る冷たいクリームスープ)

主料理 | main dish

肉料理 meat dish

サーロインステーキ	sirloin steak サーロイン ステイク
Tボーンステーキ	T-bone steak ティーボーン ステイク
シャトーブリアン	Chateaubriand シャウブリアン (ビーフステーキの最高級品)
フィレ・ミニョン	filet mignon フィレ ミーニョウン
ビーフシチュー	beef stew ビーフ スチュー
ビーフストロガノフ	beef stroganoff ビーフ ストローガノフ
ローストビーフ	roast beef ロウスト ビーフ
牛肉の串焼き	beef brochette ビーフ ブロウシェット
ポークチョップ	pork chop ポーク チャップ
ローストポーク	roast pork ロウスト ポーク
鶏肉のあぶり焼き	broiled chicken ブロイルド チキン
鶏肉のから揚げ、フライドチキン	fried chicken フライド チキン
カモのロースト	roasted duck ロウスティッド ダック

魚介料理 seafood

サケのステーキ	salmon steak サモン ステイク
舌ビラメのムニエル	sole a la meuniere ソウル ア ラ ムニエール
魚のフライ	fried fish フライド フィッシュ
魚肉だんごのフライ	fish cake フィッシュ ケイク
魚介類の串焼き	seafood brochette スィーフード ブロウシェット
メカジキのあぶり焼き	broiled swordfish ブロイルド ソードフィッシュ
蒸しロブスター	steamed fresh lobster スティームド フレッシュ ラブスタ
コキーユ	coquille コキーユ (魚介類をソースであえて焼いたもの)
ブイヤベース	bouillabaisse ブーヤベス

卵料理 | egg dish

目玉焼き	fried egg / sunny-side up フライド エッグ / サニサイド アップ (片面焼き)
両面焼きの目玉焼き	over easy オウヴァ イーズィ
ゆで卵	boiled egg ボイルド エッグ
半熟卵	soft-boiled egg ソフトボイルド エッグ
固ゆでの卵	hard-boiled egg ハードボイルド エッグ
いり卵	scrambled egg スクランブルド エッグ
落とし卵	poached egg ポウチト エッグ
プレーンオムレツ	plain omelet プレイン アムリット
ハムオムレツ	ham omelet ハム アムリット

サラダ | salad

グリーンサラダ	green salad グリーン サラド
アボカドサラダ	avocado salad アヴォカードウ サラド
カニサラダ	crabmeat salad クラブミート サラド
チキンサラダ	chicken salad チキン サラド

シーザーサラダ	Caesar salad スィーザ サラダ (チーズ・クルトン・アンチョビなどを混ぜる)
シェフサラダ	chef's salad シェフス サラダ (料理長推薦のサラダ)
ミックスサラダ	mixed salad ミックスト サラダ
トスサラダ	tossed salad トスト サラダ (材料をドレッシングで軽く混ぜ合わせたもの)
コールスロー	coleslaw コウルスロウ

ドレッシングの種類 | dressings

フレンチドレッシング	French dressing フレンチ ドレッスィング
イタリアンドレッシング	Italian dressing イタリアン ドレッスィング
サザンアイランドドレッシング	Thousand Island dressing サウザンド アイランド ドレッスィング
ブルーチーズドレッシング	Blue cheese dressing ブルー チーズ ドレッスィング
ビネグレットソース	vinaigrette (sauce) ヴィネグレット ソース (油・赤ワインビネガーなどで作るフレンチドレッシング)
ハウスドレッシング	house dressing ハウス ドレッスィング (そのレストラン特製のドレッシング)

パン | bread

食パン	bread ブレッド
白パン	white bread ホワイト ブレッド
全粒小麦パン	whole-wheat bread ホウルホウィート ブレッド
ライ麦パン	rye bread ライ ブレッド
黒パン	brown bread ブラウン ブレッド
ロールパン	roll ロウル
クロワッサン	croissant クロワサーン
フランスパン	French bread フレンチ ブレッド
イタリアパン	Italian bread イタリアン ブレッド (フランスパンより少し堅い)
トウモロコシパン	corn bread コーン ブレッド
ミルクパン	milk bread ミルク ブレッド
マフィン	muffin マフィン
ピタ	pita (bread) ピータ ブレッド (中東の丸く平たいパン)
ベーグル	bagel ベイグル (ドーナツ型堅ロールパン)
パンケーキ	pancake パンケイク

デザート | dessert

ケーキ	cake ケイク
チーズケーキ	cheese cake チーズ ケイク
チョコレートケーキ	chocolate cake チョコリット ケイク
レイヤーケーキ	layer cake レイア ケイク
スポンジケーキ	sponge cake スパンジ ケイク
アップルパイ	apple pie アップル パイ
パンプキンパイ	pumpkin pie パンプキン パイ
スフレ	souffle スーフレイ
タルト	tart タート
プリン	pudding プディング
ムース	mousse ムース
ゼリー	jello ジェロウ

アイスクリーム	ice cream (アイス クリーム)
シャーベット	sherbet (シャーベット)
ババロア	Bavarian cream (バヴェアリアン クリーム)
サンデー	sundae (サンディ) (アイスクリームに果物、ナッツなどをのせシロップをかけたもの)
フルーツコンポート	fruit comport (フルート コンポート) (フルーツの砂糖煮)

食後の飲み物 | drink

コーヒー	coffee (コーフィ)
アイリッシュコーヒー	Irish coffee (アイリッシュ コーフィ)
カフェオレ	cafe au lait (キャフェイ オウ レイ)
エスプレッソ	espresso (エスプレッソウ)
カフェイン抜きのコーヒー	decaffeinated coffee (ディーカフェネイティド コーフィ)
紅茶	tea (ティー)
レモンティー	tea with lemon (ティー ウィズ レモン)
ミルクティー	tea with milk (ティー ウィズ ミルク)
ココア	cocoa (コウコウ)
ホットチョコレート	hot chocolate (ハット チョコリット)

お酒の種類 | alcoholic drink

ビール beer

生ビール	draft beer (ドラフト ビア)
ラガービール	lager (ラーガ)
エール	ale (エイル) (こくと苦みがある)
ビター	bitter (ビタ) (ホップの強い辛口ビール)
黒ビール	porter (ポータ)
強い黒ビール	stout (スタウト)

ワイン wine

赤ワイン	red wine (レッド ワイン)
白ワイン	white wine (ホワイト ワイン)
ロゼワイン	rose wine (ロウゼイ ワイン)
スパークリングワイン(発泡性)	sparkling wine (スパークリング ワイン)
シェリー	sherry (シェリ) (南スペイン産の強いワイン)
シャンペン	champagne (シャンペイン)
ベルモット	vermouth (ヴァームース) (香料を加えたワイン)
ポートワイン	port (wine) (ポート ワイン) (ポルトガル産の甘口ワイン)

ウイスキー、ブランデー、ジンなど

スコッチウイスキー	Scotch (スカッチ)
バーボン	bourbon (バーボン)
ブランデー	brandy (ブランディ)
コニャック	cognac (コウニャック)
ジン	gin (ジン)
ラム酒	rum (ラム)
ウォッカ	vodka (ヴァドカ)
カクテル	cocktail (カクテイル)
リキュール	liqueur (リカー)

ウイスキーの水割り	whiskey and water (ウィスキ アンド ウォータ)
ウイスキーのオンザロック	whiskey on the rocks (ウィスキ オン ザ ラックス)
炭酸水	tonic water (タニック ウォータ)
ミネラルウォーター	mineral water (ミネラル ウォータ)
角氷	ice cube (アイス キューブ)

調理方法

(オーブンで)焼いた	baked (ベイクト)
(肉などをオーブンで)焼いた	roasted (ロウスティド)
(直火で)焼いた	broiled (ブロイルド)
(グリルで)網焼きにした	grilled (グリルド)
(油で)いためた、揚げた	fried (フライド)
(油で)ソテーした	sautéed (ソウテイド)
煮た、ゆでた	boiled (ボイルド)
煮込んだ	stewed (ステュード)
クリーム煮にした	creamed (クリームド)
燻製にした	smoked (スモウクト)
蒸した	steamed (スティームド)
生の	raw (ロー)
溶かした	melted (メルティド)
冷製の	chilled (チルド)
酢漬けの	pickled (ピクルド)
詰め物にした	stuffed (スタフト)
小間切れにした	chopped (チャップト)
薄切りにした	sliced (スライスド)
つぶした	mashed (マッシュト)
盛り合わせた	assorted (アソーティド)

ステーキの焼き方

ウェルダン(よく焼いた)	well-done (ウェルダン)
ミディアム(中くらいに焼いた)	medium (ミーディアム)
レア(生焼きにした)	rare (レア)

調味料 | seasonings

塩	salt (ソールト)
コショウ	pepper (ペッパ)
砂糖	sugar (シュガ)
酢	vinegar (ヴィネガ)
油	oil (オイル)
バター	butter (バタ)
マヨネーズ	mayonnaise (メイアネイズ)
ケチャップ	ketchup (ケチャップ)
マスタード	mustard (マスタド)
ウスターソース	Worcester sauce (ウスタ ソース)
チリソース	chili sauce (チリ ソース)
トマトソース	tomato sauce (トメイトウ ソース)
ホワイトソース	white sauce (ホワイト ソース)
しょうゆ	soy sauce (ソイ ソース)
香辛料	spice (スパイス)
ハーブ	herb (ハーブ)

PART 6

〔交通手段──編〕

これだけでOK！よくでるフレーズベストテン
[交通手段編]

1. ヒルトンホテルまでお願いします。

Hilton Hotel, please.
ヒルトン　ホウテル　プリーズ

2. ここで止めてください。

Stop here, please.
スタップ　ヒア　プリーズ

3. いくらですか。

How much?
ハウ　マッチ

4. 地下鉄路線図をください。

A subway route map, please.
ア　サブウェイ　ルート　マップ　プリーズ

5. 〜まで片道2枚ください。

Two one-way tickets to 〜, please.
トゥー　ワンウェイ　ティケッツ　トゥ　プリーズ

6. この列車は〜行きですか。

Is this a train to 〜?
イズ ズィス ア トレイン トゥ

7. ここに座ってもいいですか。

May I sit here?
メイ アイ スィット ヒア

8. レンタカーを借りたいのですが。

I'd like to rent a car.
アイド ライク トゥ レント ア カー

9. 保険は全部かけてください。

Full coverage, please.
フル カヴァリジ プリーズ

10. レギュラーで満タンにしてください。

Fill up with regular, please.
フィル アップ ウィズ レギュラ プリーズ

タクシーに乗る

　駅や大きなホテルだったらHilton Hotel, please.のように、〈行きたい所＋ please〉で十分。レストランや小さなホテルに行ってほしいときは、通りの名前を伝えるか、紙に書いたアドレスを見せるといい。

　チップは10％前後を目安に、料金の端数をきりよくして渡す程度がちょうどいい（8ドル45セントだったら9ドルというふうに）。日本と違いドアは自動でない国がほとんどなので、自分で開けて自分で閉めること。

タクシーを呼んでください。	Please call a taxi for me. プリーズ コール ア タクシィ フォー ミー
タクシー乗り場はどこですか。	Where is the taxi stand? ホウェアリズ ザ タクシィ スタンド
タクシーはどこで拾えますか。	Where can I catch a taxi? ホウェア キャナイ キャッチ ア タクシィ
流しのタクシーはありますか。	Are taxis cruising around here? アー タクシィズ クルーズィング アラウンド ヒアノ
1台に何人乗れますか。	How many persons can you take? ハウ メニ パースンズ キャニュー テイク
パークホテルまでお願いします。	Park Hotel, please. パーク ホウテル プリーズ
（住所を見せて）ここに行ってください。	To this place, please. トゥ ズィス プレイス プリーズ
空港までいくらくらいかかりますか。	How much does it cost to the airport? ハウ マッチ ダズ イット コーストトゥ ズィ エアポート
中央駅まで何分くらいかかりますか。	How long will it take to get to the central station? ハウ ローング ウィル イット テイク トゥ ゲットゥ ザ セントラル ステイション

◀ニューヨークのイエローキャブ

荷物をトランクに入れてください。	Put this baggage in the trunk, please. プット ズィス バゲッジ イン ザ トランク プリーズ
急いでいます。	I'm in a hurry. アイム インナ ハーリ
2時までに空港に着きたいのですが。	I'd like to arrive at the airport by 2 o'clock. アイド ライク トゥ アライヴ アット ズィ エアポート バイ トゥー オクラック
次の角を右に曲がってください。	Turn right at the next corner, please. ターン ライト アット ザ ネクスト コーナ プリーズ
ここでちょっと待っていてください。	Can you wait a moment here? キャニュー ウェイト ア モウメント ヒアノ
ここで止めてください。	Please stop here. プリーズ スタップ ヒア
いくらですか。	How much is it? ハウ マッチ イズ イット
領収書をお願いします。	A receipt, please. ア リスィート プリーズ
ありがとう。お釣りはとっておいてください。	Thank you. Keep the change, please. サンキュー キープ ザ チェインジ プリーズ

交通手段編

6 タクシーに乗る

◀ローマのタクシー乗り場

地下鉄に乗る

　地下鉄は安くて便利な都市生活者の足。ニューヨークでは subway、ロンドンでは underground、パリでは metro と呼ばれている。地下鉄を使いこなせるようになれば、旅のフットワークは断然軽くなる。

　パリでは、乗り降りするとき扉のレバーを上げたりボタンを押したりして、ドアを自分で開けなければならない路線もある。回数券や一日乗車券（one-day ticket）など、国によってはお得なチケットもある。

ここから一番近い地下鉄の駅はどこですか。	Where is the nearest subway station from here?
地下鉄路線図を1枚ください。	May I have a subway map, please?
切符はどこで買えますか。	Where can I get a ticket?
自動販売機でお釣りは出ますか。	Can I get change from the ticket machine?
ユニオンスクエアまでいくらですか。	What is the fare for Union Square?
回数券はありますか。	Do you have a coupon ticket?
一日乗車券はいくらですか。	How much is the one-day ticket?
一日乗車券はバスでも使えますか。	Can I use the one-day ticket for a bus?
ユニオンスクエア行きのホームはどこですか。	Where is the track [platform] to Union Square?
この列車はユニオンスクエアに止まりますか。	Does this train stop at Union Square?

ピカデリーサーカスへはどうやって行けばよいのですか。	How can I get to Piccadilly Circus? ハウ キャナイ ゲットゥ ピカディリ サーカス
セントラルラインでオックスフォードサーカスへ行き、ベーカーラインに乗り換えて最初の駅です。	Take Central Line to Oxford Circus, テイク セントラル ライン トゥ アックスフォド サーカス then change into Baker Line. ゼン チェインジ イントゥ ベイカ ライン Piccadilly Circus is the first ピカディリ サーカス イズ ザ ファースト station from there. ステイション フラム ゼア
ソーホーへの出口はどこですか。	Where is the exit for Soho? ホウェアリズ ズィ エグズィット フォー ソウホウ

交通手段編

6 地下鉄に乗る

ロンドンの地下鉄入口と路線図

INFORMATION
地下鉄を乗りこなそう!

　大都市を自由自在に歩くためにぜひマスターしておきたいのが、地下鉄の乗り方。特にロンドンやパリは路線も多く、利用価値は高い。

■ニューヨーク

　マンハッタンの南北の移動に便利。路線は①、Ⓐなどのように数字かアルファベットで表されている。自動販売機か窓口でメトロカードを買い、自動改札機のスリットにスライドさせてホームに入る。ホームは Uptown(北行き)と Downtown(南行き)に分かれていて、街の通りから地下に入る入口も別々になっていることがあるので注意。24時間運行だが、深夜は本数が少なくなるし危険なので、乗るのはやめておこう。昼間でもホームの Off hour waiting area と書かれたところで電車を待つことをおすすめしたい。

■ロンドン

　ロンドンの地下鉄は、1870年に世界に先駆けて開通した。tubeの愛称通りボディーは筒状、顔も丸くてキュート。❷のマークの入口から入り、自動改札を抜けプラットホームへ。料金は4つのゾーンに応じて違うが、ほとんどの観光名所は ZONE 1内にある。バスにも使える一日乗り放題の One-day travel card がお買い得だ。

　路線は Circle Line は黄色、というように色分けされているのでわかりやすい。同じ路線内の行き先は東西南北で表されているのがロンドンの特徴。ホームへ向かう通路の途中で Eastbound (東行き)、Westbound (西行き)、Southbound (南行き)、Northbound (北行き) などと分かれているので、自分の行く駅の方面をあらかじめ確認しておこう。イギリスでは出口の表示は Exit でなく Way Out。

N.Y. の地下鉄の入口
Uptown 行きの入口。

N.Y. 地下鉄の自動改札
入口でメトロカードをスライドさせ、バーを押して中に入る。

地下鉄の扉ボタン
乗り降りのときに自分でボタンを押してドアを開ける方式のもの。

■パリ

　パリの地下鉄・メトロは1号線から14号線まで。市内を網の目のように走り、200～300メートルに1つは駅がある。Metroと書かれた入口から入り、切符を買って自動改札を通りプラットホームへ。切符は駅だけでなく、タバコ屋やキオスクでも売られている。10枚綴りの回数券・カルネが安くて便利だ。切符はバスにも使える。

　パリでは地下鉄に乗る前に、自分の乗る路線の終点の駅を調べておくといい。ホームへ向かう通路の途中で行き先が分かれているので、自分の目指す方面の終点駅の名前の書かれた標識に沿って進めば間違いない。

　ドアが手動式の場合は、降りるときにドアについているレバーを上げるか、ボタンを押して自分で開けなければならない。閉まるのは自動。乗り換えはCorrespondenceと書かれた標識、出口はSortieと書かれた青い標識が目印だ。

■ローマ

　ローマの地下鉄は、パリと同じくメトロと呼ばれている。マクドナルドのマークそっくりのMというオレンジの看板が目印だ。地下に遺跡の眠るローマではその保護のため地下鉄はA線とB線の2路線のみ。切符はバスと共通で均一料金。1日4回以上乗るなら、バスにも使える乗り放題の一日券が便利だ。切符は駅のほかにもタバコ屋やバール（イタリアのカフェ）でも売っている。

◀ニューヨークのメトロカード

▶パリの地下鉄の切符

バス・市電に乗る

アメリカやヨーロッパでは、ほとんどがワンマンカー。日本のように運賃箱にお金を入れる国のほか、あらかじめ乗車券や回数券を買っておき、バスの入口の自動改札機に差し込み、打刻するシステムの国もある。地下鉄・バス・市電が共通切符の国も多い。

ロンドンでは名物の2階建てバス（double-decker）にも乗ってみたい。地下鉄と違い、街の景色が見えるのもバスや市電の魅力だ。

オークランド行きのバスはありますか。	Is there a bus for Oakland?
オークランド行きのバス乗り場はどこですか。	Where is the bus stop for Oakland?
このバスはソーホーへ行きますか。	Does this bus go to Soho?
次のバスは何時に出ますか。	What time does the next bus leave?
途中で乗り換えがありますか。	Do I need to transfer?
空港行きのバスはどのくらいの間隔で出ていますか。	How often does the bus leave for the airport?
空港までどれくらい時間がかかりますか。	How long does it take to get to the airport?
運賃はいつ払えばいいのですか。	When do I pay the fare?
降りるときはどうしたらよいのですか。	Could you tell me how to get off?
セントラルパークに着いたら教えてください。	Please tell me when we get to Central Park.
次で降ります。	The next stop, please.
乗り換え券をください。	A transfer ticket, please.

列車に乗る

列車の切符を買うときは、片道（《米》one way /《英》single）か、往復（《米》round trip /《英》return）かを窓口へ伝えよう。アメリカでは、シカゴより西を走る長距離列車はスーパーライナーというデラックスな2階建て。完全個室の寝台車では、ファーストクラスのサービスが期待できる。

ヨーロッパの列車は1等車（first class）と2等車（second class）があり、2等車でも座席は広く、十分に快適だ。フランスのTGV、スペインのAVE、パリとロンドンを結ぶユーロスターなど、新幹線クラスの列車もある。

予約する／切符を買う

切符売り場はどこですか。	**Where is the ticket office?** ホウェアリズ ザ ティケット オーフィス
ユーロスターでロンドンからパリまでどのくらい時間がかかりますか。	**How long does it take from** ハウ ローング ダズ イット テイク フラム **London to Paris by Eurostar?** ランドン トゥ パリス バイ ユアラスター
1等車と2等車の運賃を両方教えてください。	**What is the fare for the first and** ホワット イズ ザ フェア フォー ザ ファースト アンド **the second class?** ザ セカンド クラス
予約は必要ですか。	**Do I need a reservation?♪** ドゥ アイ ニード ア レザヴェイション
列車は何分間隔で出ていますか。	**How often does it run?** ハウ オーフン ダズ イット ラン
時刻表をください。	**May I have a timetable?♪** メイ アイ ハヴ ア タイムテイブル
ユーロスターの出発駅はどこですか。	**Which station does Eurostar leave?** ホウィッチ ステイション ダズ ユアラスター リーヴ
サンディエゴまでの片道切符を1枚ください。	**One-way ticket to San Diego,** ワンウェイ ティケット トゥ サン ディエイゴウ **please.** プリーズ
往復切符はいくらですか。	**How much is it for round trip?** ハウ マッチ イズ イット フォー ラウンド トリップ
切符は何日間有効ですか。	**How long is the ticket valid?** ハウ ローング イズ ザ ティケット ヴァリド

途中下車できますか。	Can I stop over? キャナイ スタップ オウヴァ
次のリバプール行きの特急列車は何時発ですか。	What time does the next express leave for Liverpool? ホワッタイム ダズ ザ ネクスト イクスプレス リーヴ フォー リヴァプール
それは直通列車ですか。	Is it a direct train? イズ イット ア ディレクト トレイン
何時にリバプールに着きますか。	What time does it arrive at Liverpool? ホワッタイム ダズ イット アライヴ アット リヴァプール
特急料金はかかりますか。	Do you charge for an express? ドゥ ユー チャージ フォー アン イクスプレス
ミラノ行きの寝台車を予約したいのですが。	I'd like to reserve a sleeper to Milan. アイド ライク トゥ リザーヴ ア スリーパー トゥ ミラン
寝台料金はいくらですか。	What is the berth charge? ホワット イズ ザ バース チャージ
下段［上段］にしてください。	I'd like the lower [upper] berth. アイド ライク ザ ロウア アパ バース
禁煙席にしてください。	Nonsmoking car, please. ノンスモウキング カー プリーズ

鉄道駅で／列車で

シカゴ行きの列車は何番線から発車しますか。	Which platform does the train to Chicago leave from? ホウィッチ プラットフォーム ダズ ザ トレイン トゥ シカーゴウ リーヴ フラム
この列車はミラノ行きですか。	Is this the train to Milan? イズ ズィス ザ トレイン トゥ ミラン
ミラノに行くのに乗り換えがありますか。	Do I have to change trains to go to Milan? ドゥ アイ ハフ トゥ チェインジ トレインズ トゥ ゴウ トゥ ミラン

途中で車両の切り離しがありますか。	Does this train slit up on the way? ダズ ズィス トレイン スリット アップ オン ザ ウェイ♪
この列車には食堂車がついていますか。	Is there a dining car on this train? イズ ゼア ア ダイニング カー オン ズィス トレイン♪
食堂車は予約が必要ですか。	Do I need to reserve a table for the dining car? ドゥ アイ ニード トゥ リザーヴ ア テイブル フォー ザ ダイニング カー♪
8時に2名で予約を入れたいのですが。	I'd like to make a reservation for two at 8 o'clock. アイド ライク トゥ メイク ア レザヴェイション フォー トゥー アット エイト オクラック
禁煙車はどこですか。	Where is the nonsmoking car? ホウェアリズ ザ ノンスモウキング カー
この席にどなたかいらっしゃいますか。	Is this seat taken? イズ ズィス スィート テイクン♪
ここに座ってもいいですか。	May I sit here? メイ アイ スィット ヒア♪
タバコを吸ってもかまいませんか。	May I smoke? メイ アイ スモウク♪
シカゴに着いたら教えてください。	Please tell me when we get to Chicago. プリーズ テル ミー ホウェン ウィー ゲットゥ シカーゴウ
列車を間違えました。	I took a wrong train. アイ トゥック ア ローング トレイン
乗り越してしまいました。	I've passed the station. アイヴ パスト ザ ステイション
切符をなくしてしまいました。	I lost the ticket. アイ ロースト ザ ティケット
乗り遅れてしまいました。	I missed the train. アイ ミスト ザ トレイン
払い戻ししたいのですが。	I'd like to refund the ticket. アイド ライク トゥ リファンド ザ ティケット
予約を変更したいのですが。	I'd like to change the reservation. アイド ライク トゥ チェインジ ザ レザヴェイション

交通手段編 6 ── 列車に乗る

船の旅

のんびりしたいなら船の旅が一番。旅にちょっぴり船を盛り込みたいときにちょうどいいのが、NYマンハッタン島一周やセーヌ川のディナークルーズなど3時間程度で楽しめるミニクルーズ。もう少し時間があるならエーゲ海やライン川のone-day cruisingやhalf-day cruisingもおすすめ。

船に1泊する北欧のバルト海クルーズなら、レストランやプールのついた豪華客船に個室をとってゆったりくつろぐのも優雅な交通手段として最適だ。地中海、エーゲ海、カリブ海などではロングクルーズも人気がある。

セーヌ川のクルーズにはどんな種類のものがありますか。	**What kind of cruises are there on the River Seine?** ホワット カインド オヴ クルーズィズ アー ゼア オン ザ リヴァ セイン
1日に何便出ていますか。	**How many cruises are there in a day?** ハウ メニ クルーズィズ アー ゼア インナ デイ
ランチかディナー付きのクルーズはありますか。	**Is there any cruise with lunch or dinner?** イズ ゼア エニ クルーズ ウィズ ランチ オア ディナ
出発時刻と到着時刻は何時ですか。	**What is the departure and arrival time?** ホワット イズ ザ ディパーチャ アンド アライヴァル タイム

どのようなコースですか。	Could you tell me the brief itinerary?
予約は必要ですか。	Do I need a reservation?
次の出発は何時ですか。	What time is the next departure?
ヘルシンキまでの2人用の船室を予約したいのですが。	I'd like to reserve a cabin for two to Helsinki.
どんなキャビンがありますか。	What kind of cabins do you have?
海の見えるキャビンはいくらですか。	How much does it cost for the cabin with the ocean view?
部屋にシャワールームはついていますか。	Is there a shower room in the cabin?
出航する港はどこですか。	Which port do you depart from?
出航は何時ですか。	What is the departure time?
何時までに乗船すればいいですか。	Until what time do I need to board?
ヘルシンキへの到着時刻は何時ですか。	What time are we arriving in Helsinki?
日本語を話すクルーは乗船しますか。	Is there any Japanese speaking staff on board?
私の船室はどこですか。	Where is my cabin?
今夜は何かイベントがありますか。	Is there any event tonight?

レンタカーを借りる

　車は国際免許証とクレジットカードさえあれば、HertsやAVISのレンタカーサービスで簡単に借りられる。空港で借りるのが移動のロスがなくて一番おすすめだ。運転者が2人いる場合は、必ず additional driver の書類にサインを。

　レンタル料金に含まれている保険（insurance）は対人、対物が含まれた自動車損害賠償保険だが、そのほか任意保険にも入っておいたほうがいいだろう。レンタカーの場合は借りることをチェックアウト（checkout）、返すのをチェックイン（checkin）というので覚えておこう。

レンタカーはどこで借りられますか。	Where can I rent a car? ホウェア　キャナイ　レント ア カー
小型のオートマチック車を3日間借りたいのですが。	I'd like to rent a small automatic car for three days. アイド ライク トゥ レント ア スモール オートマティック カー フォー スリー デイズ
どんな車種がありますか。	What kind of cars do you have? ホワット カインド オヴ カーズ ドゥ ユー　ハヴ
エアコン付きの車はありますか。	Do you have a car with air conditioning? ドゥ　ユー　ハヴ　ア カー ウィズ エア コンディショニング ♪
車を見せてもらえますか。	May I see the car? メイ アイ スィー ザ カー ♪

１日いくらですか。	What is the rate for the car per day?
料金表を見せてください。	Could you show me the rate list?
料金に保険は含まれていますか。	Does this include insurance?
保険に入りますか。	Would you like insurance?
搭乗者傷害保険をお願いします。	I'd like the Personal Accidental Insurance [PAI].
保険は全部入ります。	Full coverage, please.
彼女も運転します。	She also drives.
走行距離は無制限ですか。	Is the mileage free?
ガソリンは満タン返しですか。	Do I have to fill up when I check in?
乗り捨てできますか。	Can I drop it off?
乗り捨て料金はかかりますか。	Do you charge extra for one-way rental?
サンフランシスコ空港で車を返したいのですが。	I'd like to return the car at San Francisco Airport.
どの営業所に返しても大丈夫ですか。	Can I return the car at any of your branches?
借りる前に乗ってみたいのですが。	I'd like to try before I rent it.

道路地図をいただけますか。	May I have a road map? メイ アイ ハヴ ア ロウド マップ
万一の事故の場合の連絡先を教えてください。	Give me some phone numbers to call in case of the accident. ギヴ ミー サム フォウン ナンバーズ トゥ コール イン ケイス オヴ ズィ アクスィデント

INFORMATION

レンタカー保険の種類

　万一の事故に備えて保険のことも知っておこう。レンタカーの保険は車を借りると自動的に入る強制保険と、それに上乗せする任意保険に分けられる。Would you like insurance?（保険はどうしますか）と聞かれたら、当然任意保険のこと。強制保険だけでは不十分なので、必要な保険には全部入っておく（Full coverage または Full insurance）のが賢明だ。その場合の Full insurance とは、通常 LDW、または CDW と TP、プラス PAI に加入することを指す。特に自車両に関する保険は LDW または CDW しかないので注意。

自動車損害賠償保険 LP（Low Protection）	対人、対物をカバーする強制保険。たいていはレンタル料金に含まれている。
盗難保険 TP（Theft Protection）	車を盗まれたとき、損害額負担を免除するもの。
自車両損害支払い免除制度 LDW（Loss Damage Waiver） CDW（Collision Damage Waiver）	事故などで車を破損した場合、損害額負担が免除になるもの。アメリカで採用されている LDW には盗難保険（TP）が含まれているが、ヨーロッパの CDW は盗難保険は別枠となる。
搭乗者傷害保険 PAI（Personal Accident Insurance）	運転者と搭乗者全員のための死亡・障害保険。
携行品保険 PEP（Personal Effects Protection）	携帯する荷物の盗難・破損のための損害保険。

ドライブで

　海外ではイギリス、ニュージーランドなどを除き多くが右側通行だ。ドライブに出る前に駐車場でしっかり左ハンドルの練習と道路標識のチェックを。交差点で曲がるとき、うっかり左側に入り事故になるケースが多い。
　道に迷ったら Excuse me. で切り出し、How can I get to ～? (～へはどう行けばいいのですか) とたずねるのが基本。ガソリンスタンドは自分で給油しカウンターでお金を払うセルフサービスのものが多い。

15号線に入るにはどう行けばいいですか。	How can I get to the Route 15?
サンディエゴに行くには、この道でいいですか。	Is this the right way to San Diego?
サンディエゴまでどのくらいの時間がかかりますか。	How long will it take to get to San Diego?
この地図で今どこにいるか教えてください。	Could you show me where I am now on this map?
ここに駐車しても大丈夫ですか。	Can I park here?
近くにガソリンスタンドはありますか。	Is there a gas station near here?
レギュラーで満タンにしてください。	Fill it up with regular, please.
(セルフサービスのスタンドで) 2番に10ドル分入れます。	10 dollars for No. 2, please.
先払いですか、後払いですか。	Do I have to pay first or later?
オイルをチェックしてください。	Please check the oil.
変な音がします。	The car makes a strange noise.
エンジンがかかりません。	The engine doesn't start.
パンクしてしまいました。	It's got puncture.

アメリカの道路システムと道路標識

■**アメリカの道路システム**

　日本ではハイウエーというと自動車専用の高速道路を意味するが、アメリカでhighwayは「公道、幹線道路」の意味。アメリカの高速道路はfreeway, expressway, thruway, superhighwayなどと呼ばれる。同じ1本のhighwayを走っていても、場所によって高速道路になったり一般道路に戻ったりする。また、アメリカの高速道路はうれしいことに、東部など一部地域を除きほとんど無料。有料のところも格安だ。

　アメリカのhighwayには、日本の高速道路に相当するインターステート(Interstate)、それを補完する国道(U.S. Route)、州道(State Route)などがあり、東西に走るhighwayには偶数番号、南北に走るものには奇数番号がついている。分岐点では行き先の都市名ではなく、highway番号と方角（WEST、SOUTHなど）が表示されているので、あらかじめどのhighwayのどの方角に行くのかを調べておこう。

　アメリカではほとんどの州で、赤信号でも一旦停止し安全確認をすれば右折はしてもよいことになっている。

インターステート
道路番号標識

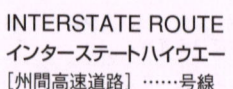

INTERSTATE ROUTE
インターステートハイウエー
[州間高速道路] ……号線

U.S. ROUTE
U.S. ハイウエー ……号線

STATE ROUTE
ステートハイウエー
[州道] ……号線

■道路標識

STOP
一時停止

YIELD
先を譲れ
（優先道路あり）

ONE WAY
一方通行

NO RIGHT TURN
右折禁止

NO LEFT TURN
左折禁止

NO U TURN
Uターン禁止

DO NOT ENTER
進入禁止

RAILROAD CROSSING
踏切注意

NO PASSING ZONE
追い越し禁止区域

SPEED LIMIT 50
最高速度50マイル

MINIMUM SPEED 40
最低速度40マイル

PEDESTRIAN CROSSING
横断歩道

交通手段編ワードマーケット

タクシー | taxi

タクシー乗り場	taxi stand
空車	vacant
流しのタクシー	cruising taxi [cab]
タクシー料金	taxi fare
料金メーター	meter
基本料金	basic fare
割増料金	additional fare / surcharge
釣り銭	change
信号	traffic light / signal
交差点	intersection
角	corner

バス | bus

バス停	bus stop
バスターミナル	bus terminal / 《米》depot
観光バス	sightseeing bus
長距離バス	coach
空港バス	airport bus
リムジンバス	shuttle bus / limousine service
2階建てバス	double-decker

地下鉄／列車 | subway / train

地下鉄駅	subway station / 《英》underground station
鉄道駅	railway station
コインロッカー	coin locker
遺失物取扱所	the lost and found (office)
待合室	waiting room
運賃	fare
釣り銭なし	Exact Change Only
釣り銭あり	Change Given
切符	ticket
切符売り場	ticket office / ticket window (窓口)
切符自販機	ticket vendor
入場券	platform ticket
トークン	token (代用貨幣)
一日乗車券	one-day ticket
片道切符	one-way ticket / 《英》single ticket
往復切符	round-trip ticket / 《英》return ticket
回数券	coupon ticket

周遊券	excursion ticket (イクスカージャン チケット)
路線図	route map (ルート マップ)
時刻表	timetable (タイムテイブル)
出発時刻	departure time (ディパーチャ タイム)
到着時刻	arrival time (アライヴァル タイム)
始発	the first train (ザ ファースト トレイン)
終電	the last train (ザ ラスト トレイン)
改札口	gate (ゲイト)
回転式改札口	turnstile (ターンスタイル)
プラットホーム	platform / track (プラットホーム トラック)
～番線	platform No. ～ / (プラットホーム ナンバ) track No. ～ (トラック ナンバ)
行き先	destination (デスティネイション)
～行き	bound for ～ (バウンド フォー)
乗り換え	transfer (トランスファ)
途中下車	stopover (スタップオウヴァ)
終点	terminal station (ターミナル ステイション)
入口	entrance (エントランス)
出口	exit (エグズィット)
普通列車	local train (ロウカル トレイン)
急行列車	express (train) (イクスプレス トレイン)
特急列車	limited express (train) (リミティッド イクスプレス トレイン)
超特急車	super-express train (スーパイクスプレス トレイン)
長距離列車	long-distance train (ローングディスタンス トレイン)
短距離列車	short-distance train (ショートディスタンス トレイン)
1等車	first class (ファースト クラス)
2等車	second class (セカンド クラス)
食堂車	dining car / diner (ダイニング カー ダイナ)
寝台車	sleeping car / sleeper (スリーピング カー スリーパ)
クシェット（簡易寝台）	couchette (クーシェット) （昼間はたたんで座席にする）
上段（寝台）	upper berth (アパ バース)
中段（寝台）	middle berth (ミドル バース)
下段（寝台）	lower berth (ロウア バース)
指定席	reserved seat (リザーヴド スィート)
自由席	non-reserved seat (ナンリザーヴド スィート)
空席	empty seat (エンプティ スィート)
個室	compartment (コンパートメント)
禁煙車	nonsmoking car (ノンスモウキング カー)
喫煙車	smoking car (スモウキング カー)
寝台料金	berth charge (バース チャージ)
追加料金	extra charge (エクストラ チャージ)
車掌	conductor (コンダクタ)

船 | ship

港	harbor / port (ハーバ ポート)
桟橋	pier (ピア)
フェリー	ferry (フェリ)

交通手段編 ワードマーケット

タラップ／船の搭乗口	gangway ギャングウェイ
デッキ	deck デック
乗船券	boarding ticket ボーディング ティケット
船室	cabin キャビン
特別1等	first class ファースト クラス
特別2等	cabin class キャビン クラス
エコノミークラス	economy class イカノミ クラス
格安ツーリストクラス(定期汽船)	tourist class トゥーリスト クラス
船室係	cabin attendant キャビン アテンダント
船酔い	seasickness スィースィックネス
救命胴衣	life jacket ライフ ジャケット
救命ボート	lifeboat ライフボウト
救命浮袋	life buoy ライフ ブーイ

レンタカー｜rent-a-car

準小型車	subcompact (car) サブコンパクト カー 《主に米》（日本の小型車にあたる）
小型車	compact (car) コンパクト カー 《主に米》（日本の中型車にあたる）
普通車	standard-sized car スタンダードサイズド カー 《主に米》（日本の大型車にあたる）
中型車	medium-sized car ミーディアムサイズド カー
大型車	large-sized car / ラージサイズド カー full-sized car フルサイズド カー
四輪駆動車	four-wheel-drive car フォーホウィールドライヴ カー
オープンカー	convertible car コンヴァーティブル カー
キャンピングカー	camping car キャンピング カー
ワゴン車	station wagon ステイション ワゴン
マニュアル車	manual car マニュアル カー
オートマチック車	automatic car オートマティック カー
国際運転免許証	international driver's インタナショナル ドライヴァズ license ライセンス
契約書	rental agreement レンタル アグリーメント
保険	insurance インシュアランス
料金	rate レイト
レンタル料金	rental charge レンタル チャージ
料金表	rate list レイト リスト
保証金	deposit ディパズィット
乗り捨て料金	drop off charge ドラップ オーフ チャージ
超過料金	extra charge for エクストラ チャージ フォー overtime オウヴァタイム
走行距離	mileage マイリッジ
ガソリンスタンド	gas station / ギャス ステイション 《英》petrol station ペトロル ステイション
満タンにする	fill up フィル アップ
レギュラー	regular レギュラ
無鉛	unleaded アンレッディッド
ハイオク	premium プリーミアム

PART 7

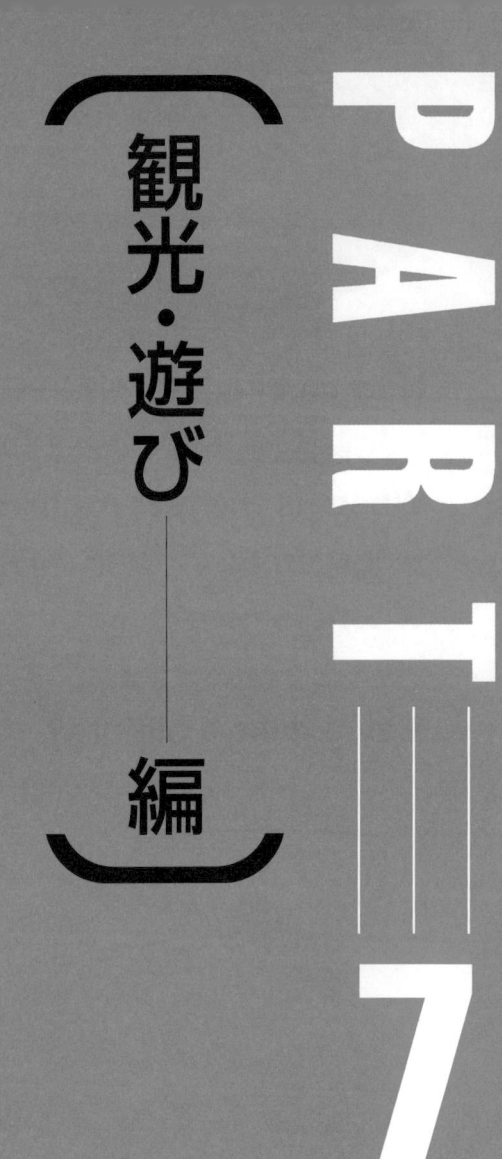

【観光・遊び──編】

これだけでOK!
よくでるフレーズベストテン
[観光・遊び編]

1. 〜へはどうやって行けばいいですか。
How can I get to 〜?
ハウ　キャナイ　ゲットゥ

2. トイレはどこですか。
Where is the rest room?
ホウェアリズ　ザ　レスト　ルーム

3. (地図を広げて) ここはどこですか。
Where is here?
ホウェアリズ　ヒア

4. 写真を撮ってもいいですか。
May I take a picture?
メイ　アイ　テイク　ア　ピクチャ♪

Where is here?

5. 入場料はいくらですか。

How much is the admission?
ハウ　マッチ　イズ　ズィ　アドミッション

6. 大人2枚ください。

Two adults, please.
トゥー　アダルツ　プリーズ

7. 無料ですか。

Is it free?
イズ イット フリー ノ

8. 今夜は何をやっていますか。

What's on tonight?
ホワッツ　オン　トゥナイト

9. 何時から始まりますか。

What time does it start?
ホワッタイム　ダズ イット スタート

10. ～を見たい[～へ行きたい]のですが。

I'd like to see [go] ～.
アイド ライク トゥ スィー　ゴウ

道をたずねる

道のたずね方は、近い所なら Where is 〜?（〜はどこですか）、少し遠い所なら How can I get to 〜?（〜へはどうやって行けばよいのですか）でOKだが、答えは概して早口で返ってくるので、聞き取るのが案外難しい。わからなかったら地図を出して現在地に印をつけてもらい、それを頼りに歩くのがベストだ。

すみませんが、地下鉄の駅へ行く道を教えてください。	Excuse me. Could you tell me the way to the subway station? イクスキューズ ミー クッジュー テル ミー ザ ウェイ トゥ ザ サブウェイ ステイション ♪
メトロポリタン美術館はどこですか。	Where is the Metropolitan Museum? ホウェアリズ ザ メトロポリタン ミューズィーアム
ロックフェラーセンターへはどうやって行けばいいですか。	How can I get to the Rockefeller Center? ハウ キャナイ ゲットゥ ザ ラカフェラ センタ
この近くにタクシー乗り場はありますか。	Is there a taxi stand around here? イズ ゼア ア タクスィ スタンド アラウンド ヒアノ
この住所にはどのように行ったらいいでしょう。	How can I get to this address. ハウ キャナイ ゲットゥ ズィス アドレス
道に迷ってしまいました。	I'm lost my way. アイム ロースト マイ ウェイ
ここは何という通りですか。	What is this street? ホワット イズ ズィス ストリート
（地図を見せて）この地図でここはどこですか。	Where is here on this map? ホウェアリズ ヒア オン ズィス マップ
（地図を見せて）印をつけてください。	Could you mark it here, please? クッジュー マーク イット ヒア プリーズ ♪
地図を描いていただけますか。	Could you draw a map, please? クッジュー ドロー ア マップ プリーズ ♪
リージェント通りまで歩いて行けますか。	Can I get to Regent street on foot? キャナイ ゲットゥ リージェント ストリート オン フットノ
歩くとどのくらいかかりますか。	How long does it take to get there on foot? ハウ ローング ダズ イット テイク トゥ ゲット ゼア オン フット

歩くには遠すぎます。	It's too far to walk.
地下鉄に乗ったほうがいいですよ。	You should take a subway.
何か目印はありますか。	Are there any landmarks?
こちらの方角でいいですか。	Is this the correct direction?
右側ですか、左側ですか。	Is it on right hand side or left?
最初の信号を右に曲がってください。	Turn left at the first traffic light.
この通りをまっすぐ2ブロック行ってください。	Go straight on this street two blocks.
薬屋の隣にあります。	It's next to the drugstore.
あそこです。	It's over there.
この近くに公衆トイレはありますか。	Is there a public rest room near here?
ちょっとトイレをお借りできますか。	May I use the rest room?

観光・遊び編

7 道をたずねる

INFORMATION

海外のトイレ事情

　旅行中、意外に切実でやっかいな問題がトイレ。海外では公衆トイレが少ない。街中で用を足したくなったときはどうすればいいだろうか。

　まず、近くに大きなホテルがあればためらわずに入ろう。フロントの近くにはたいていトイレがあり、しかもきれいだ。カフェを利用するのもいい。カウンターでコーヒーを注文しておき、あとで寄って立ち飲みしていこう。フランスやイタリアなら、立ち飲みは座って飲む値段の1/2～1/3と経済的だ。アメリカなら、ファーストフード店やショッピングモールも利用できる。

　ヨーロッパではマダムが番をしているときにはチップが必要。帰りにお礼を言って、20～50円相当の現地通貨の小銭を渡すのが習慣だ。カフェのトイレには、コインを入れると開く有料のものもある。また、トイレの電気が突然消えてしまうことがあるが、これは節電のための自動消灯システムの働きによるもの。スイッチをつければまた一定時間はついているのであわてずに。

　アメリカでは犯罪防止のためドアの下に隙間が開いている。夜間や人気のない駅のトイレは危険なので立ち寄らないこと。まただれか入っているのかわからないときにノックをするのは、欧米では「早く出て」と相手をせかす意味になる。日本と違い、直接ノブを回して開かなければ使っていると判断するほうが礼儀にかなっているので注意。

　インドや中近東ではトイレットペーパーはなく、近くに水道と水を入れた容器が置かれていることがある。この水を左手でかけて洗うのがあちら風。終わったら次の人のために容器に水を入れておこう。慣れればペーパーを使うより気持ちがいいそうだ。

　いずれにしても出かける前にトイレをすませ、美術館や観光スポット、レストランなどでまめに入っておくのが賢明だ。

ツーリスト・インフォメーション

観光・遊び編

ツーリスト・インフォメーション（tourist information）は街の観光案内所だ。市内の無料地図やパンフレットがもらえるし、ホテル、現地ツアー、イベントの紹介や予約も行っている。旅先の最新情報が手に入るので、まずここに寄ってから街歩きをすると無駄がない。行く時間のないときは、ホテルのコンシェルジュかインフォメーションに相談しよう。

市内地図をいただけますか。	May I have a city map? メイ アイ ハヴ ア スィティ マップ♪
地下鉄の路線図はありますか。	Do you have a subway route map? ドゥ ユー ハヴ ア サブウェイ ルート マップ♪
街の見どころを教えてください。	Please tell me interesting spots in this town. プリーズ テル ミー インタレスティング スポッツ イン ズィス タウン
メトロポリタン美術館の開館時間を教えてください。	Could you tell me the opening hours of Metropolitan Museum? クッジュー テル ミー ズィ オウプニング アウアズ オヴ メトロパリタン ミューズィーアム♪
今日は開いていますか。	Is it open today? イズ イット オウプン トゥディ♪
入場料はいくらですか。	How much is the admission? ハウ マッチ イズ ズィ アドミッション
どうやって行けばよいのですか。	How can I get there? ハウ キャナイ ゲット ゼア
ここから歩いて行けますか。	Can I take a walk from here? キャナイ テイク ア ウォーク フラム ヒア♪

ロンドンのツーリスト・インフォメーション

7 ― ツーリスト・インフォメーション

タクシーで行くといくらかかりますか。	How much does it cost to take a taxi? ハウ マッチ ダズ イット コースト トゥ テイク ア タクスィ
この地図でどこなのかを正確に教えてください。	Could you show me exactly where it is on this map?♪ クッジュー ショウ ミー イグザクトリ ホウェア イット イズ オン ズィス マップ
この町のショッピング街はどこですか。	Where is the shopping area in this town? ホウェアリズ ザ シャピング エアリア イン ズィス タウン
シャネルのブティックはありますか。	Is there Chanel's boutique?♪ イズ ゼア シャネルズ ブーティーク
日帰り旅行をするなら、どこがいいですか。	Where is the nice place for one-day excursion? ホウエアリズ ザ ナイス プレイス フォー ワンデイ イクスカージョン
今週街では、どんな催しがあるかわかりますか。	Do you have any information about entertainment of this week in town?♪ ドゥ ユー ハヴ エニ インフォメイション アバウト エンタテイメント オヴ ズィス ウィーク イン タウン
今夜は何かやっていますか。	What's on tonight? ホワッツ オン トゥナイト

◀ニューヨークの観光パンフ

◀ロンドンの交通案内パンフ

観光・遊び編

7 ツーリスト・インフォメーション

現地ツアーを利用する

　現地ツアーは安くて種類も豊富。パンフレットはホテルやツーリストインフォメーションにたくさん置いてあるので、よさそうなものを選んでみよう。予約は電話でもできるが、ホテルのコンシェルジュでもしてくれる。大きなホテルならバスが立ち寄ってくれることもあるので確認しておこう。

予約する

観光ツアーにはどんなものがありますか。	What kind of sightseeing tours are there?
半日[1日]ツアーはありますか。	Do you have a half-day [full-day] tour?
午後[午前/夜]のツアーはありますか。	Do you have an afternoon [a morning / a night] tour?
ツアーのパンフレットをもらえますか。	May I have a brochure of the tour?
どのコースがおすすめですか。	Which tour do you recommend?
このコースは毎日出ていますか。	Do you have this tour every day?
料金はいくらですか。	How much does it cost?
昼食付きですか。	Is it included lunch?
明日午後の市内観光Bに予約を入れてください。	Please make a reservation for a city tour B tomorrow afternoon.
ここで予約できますか。	Can I make a reservation here?
出発は何時ですか。	What time does it leave?

所要時間はどのくらいですか。	How long does it take for the tour?
バスにはどこから乗れますか。	Where can we take the bus from?
パークホテルから乗れますか。	Can you pick us up at Park Hotel?
パークホテルで降ろしてもらえますか。	Can you drop us off at Park Hotel?
日本語ガイドのつくものはありますか。	Are there any tours with a Japanese guide?
1日ガイドを雇うといくらかかりますか。	How much does it cost to hire a guide for one day?

ツアー・スポットで

あれは何という教会ですか。	What is the name of the church?
いつ建てられたのですか。	When was it built?
今の説明を聞き逃してしまいました。	I've missed the explanation.
ここではどのくらい止まりますか。	How long will we stay here?
何時にバスに戻ればいいですか。	What time should we come back to the bus?
何時に出発しますか。	What time are we leaving?
どのくらいで到着しますか。	How long will it take to get back?
とても楽しかったです。どうもありがとう。	Thank you. I had a wonderful time.

写真を撮る

写真を撮ってもらうときは Could you ～?（～してもらえますか）、写真を撮ってもいいか許可を得るときは May I ～?（～してもいいですか）が基本。美術館、博物館では撮影の決まりがあるので、撮る前に確認を。特に人物の撮影は礼儀をわきまえて行おう。

すみません、写真を撮っていただけますか。	Excuse me, could you take a picture?
ここ[シャッター]を押すだけです。	Just press here [the shutter], please.
後ろのあの山を入れて撮ってください。	Could you take a picture with that mountain behind?
もう一枚お願いします。	One more, please.
あなたの写真を撮ってもいいですか。	May I take your picture?
あなたと一緒に撮ってもいいですか。	May I take a picture with you?
あなたの住所を教えてください。	Please let me know your address.
後で写真を送ります。	I'll send you the picture.
ここで写真を撮ってもいいですか。	May I take a picture here?
ここで写真撮影はできますか。	Is it allowed to take a picture here?
フラッシュはどうですか。	How about a flash?
ビデオを撮ってもいいですか。	May I videotape?

観光・遊び編

7 写真を撮る

美術館・博物館で

　大きな美術館は迷路のようで、お目当ての絵にたどりつくには意外に時間がかかるもの。時間がないときは入口で案内図をもらい、Please mark Picasso's exhibition.（ピカソの展示室に印をしてください）のように言い、印をつけてもらった案内図を片手に回るのが一番手っ取り早い。見学は荷物をクローク（cloak）に預けて身軽になってから。曜日によって閉館日や入館料の割引日があるのでよく調べてから出かけたい。

入口はどこですか。	Where is the entrance?
（行列しているとき）ここが列の最後ですか。	Is this the end of the line?
チケットはどこで買えますか。	Where can I buy a ticket?
入場料はいくらですか。	How much is the admission?
学生割引はありますか。	Is there a student discount?
大人2枚ください。	Two adults, please.
館内の案内図をください。	May I have a floor guide?
無料のパンフレットはありますか。	Do you have any free brochure?
何時に閉館しますか。	What time do you close?
写真撮影は大丈夫ですか。	Is it allowed to take a picture here?
フラッシュをたいてもいいですか。	May I use a flash?
荷物を預けられる所はありますか。	Is there a cloak?
館内ツアーはありますか。	Do you have a guided tour inside?
それは何時に出発しますか。	What time does it leave?

案内カセットを借りられますか。	May I use a cassette guidance? メイ アイ ユーズ ア カセット ガイダンス♪
ピカソの作品はどこにありますか。	Where is Picasso's exhibit? ホウェアリズ ピカーソウズ イグズィビット
印象派の展示室はどこですか。	Where is the exhibit of impressionists? ホウェアリズ ズィ イグズィビット オヴ インプレショニスツ
(館内地図を見せて)その展示室に印をつけてください。	Please mark the room on this map. プリーズ マーク ザ ルーム オン ズィス マップ
何階にありますか。	Which floor is it? ホウィッチ フロー イズ イット
現代彫刻を見たいのですが。	I'd like to see the modern sculptures. アイド ライク トゥ スィー ザ マダン スカルプチャズ
これはだれの作品ですか。	Whose work is this? フーズ ワーク イズ ズィス
順路はこちらでいいですか。	Is this the correct way? イズ ズィス ザ コレクト ウェイ♪
出口はどこですか。	Where is the exit? ホウェアリズ ズィ エグズィット
絵はがきはどこで買えますか。	Where can I get postcards? ホウェア キャナイ ゲット ポウストカーヅ
この本の日本語版はありますか。	Do you have a Japanese edition of this book? ドゥ ユー ハヴ ア ジャパニーズ イディション オヴ ズィス ブック♪

観光・遊び編

7 ■ 美術館・博物館で

劇・ミュージカル・コンサートなどの予約

　劇や映画は街の情報誌で何をやっているのかを調べて、劇場の窓口で直接チケットを買えば自由に席を選べ、手数料もかからない。ただ人気のチケットを手に入れるのは難しいので、見たいものがはっきりしているときは、高くなってもホテルのコンシェルジュやチケットオフィスで手配してもらうのが確実だ。チケットオフィスの中にはクレジットカード番号を知らせて電話による予約購入ができる店もある。ニューヨークのTKTSなど、売れ残った当日券を半額で売る店もあるが、当然ヒット中のものを手に入れるのは難しい。

今週のイベント情報誌はありますか。	Do you have an entertainment magazine of this week?
ロック[クラシック]コンサートに行きたいのですが。	I'd like to go to a rock [classical music] concert.
今日何かコンサートはありますか。	Are there any concerts today?
金曜の夜、オペラ座では何を上演しますか。	What's on at the opera house on Friday night?
ミュージカル[バレエ/オペラ]を見たいのですが。	I'd like to see a musical [a ballet / an opera].
最近、一番人気のあるミュージカルは何ですか。	Which musical is the most popular recently?
『オペラ座の怪人』のチケットはありますか。	Do you have a ticket of *the Phantom of the Opera*?
今夜の席はありますか。	Do you have seats available tonight?
当日券はありますか。	Do you have today's tickets?

あいにく売り切れです。	Sorry. Sold out.
立ち見席ならあります。	We only have standing rooms.
いつなら席がとれますか。	When do you have seats available?
どの席がいいですか。	What kind of seat would you like?
座席図を見せてもらえますか。	May I see the seating chart?
一番いい席[安い席]はいくらですか。	How much is the best [cheapest] seat?
できれば1階オーケストラ席の真ん中にしてください。	I'd like somewhere in the orchestra, if possible.
前の方をお願いします。	Front row, please.
この並びの席を4枚ください。	Give me four seats together here.
今ある中で一番いい席を2枚ください。	Can I have the two best seats available?
支払いはどうしますか。	How would you like to pay?
ビザカードにつけてください。	Charge it to my VISA, please.
開演は何時ですか。	What time does it begin?
何時ごろ終わりますか。	What time does it end?
プログラムをください。	A program, please.
(開演に遅れて)今入れますか。	Can I get in now?

ナイトクラブ

　カップルで出かけ、一流のショーやスペクタクルを楽しむのが欧米のナイトクラブ。パリのリドやムーランルージュは特に華やかなレビューで有名だ。男性はジャケット・タイを着用、女性もドレスアップして出かけたい。食事もできるがドリンクだけをとってショーを見ることもできる。もちろんカバーチャージは必要だ。写真撮影は禁止されているところが多いので注意。

街にいいナイトクラブはありますか。	Is there a good night club in the town?
どんなショーが見られますか。	What kind of show do they have?
どのクラブのショーが一番いいですか。	Which club offers the best show?
予約は必要ですか。	Do I need a reservation?
1回目のステージは何時から始まりますか。	What time does the first show start?
ステージが終わるのは何時ですか。	What time does it end?
それは夕食付きですか。	Is dinner included?
夕食なしだといくらですか。	How much is it without dinner?
コートをお預かりいたします。	May I take your coat?
ステージがよく見えません。	I can't see the stage very well.
ステージに近いテーブルに移ってもいいですか。	Can I change the table closer to the stage?
あまり強くないカクテルを作ってください。	Can you make a cocktail, not so strong one, please.

INFORMATION
エンターテインメント・ガイド

■現地の情報誌を利用しよう

　情報集めにはホテルに置いてある無料情報誌がけっこう役に立つ。ニューヨークなら *WHERE*、*VEA NEW YORK*、無料配布新聞になった *Village VOICE* など。さらに *New York Times* や *Los Angeles Times* など地元大新聞の日曜版についてくる Art & Leisure などの別冊も要チェック。タウン情報誌ならロンドンとニューヨークの *Time out*、パリの *Pariscope* などがさしずめ外国版『ぴあ』といったところ。

● ミュージカル

　何といっても本場はニューヨークのブロードウェイ。20年以上もロングランを続ける『オペラ座の怪人』をはじめ、超一流の作品が毎日上演されている。オフ・ブロードウェイも楽しめる作品が多いし、オフ・オフ・ブロードウェイは実験的な作品作りで知られている。シェークスピアを生んだイギリスもミュージカルや演劇が盛ん。特にロンドンのソーホーではブロードウェイに並ぶ力作が毎日上演され、演劇ファンを魅了している。

● オペラ

　発祥地イタリアでは、輝かしい歴史に彩られたミラノのスカラ座へ。オペラシーズンは12月～7月で現在でも最高水準の質を誇る。大晦日の『こうもり』で名高いウィーンの国立歌劇場のシーズンは9月～6月。夏なら毎年音楽祭の開かれるミュンヘンのバイエルン国立歌劇場や、ワーグナーが活躍したバイロイトへ。

● ナイトクラブ

　欧米のナイトクラブは、華麗な衣装に身を包んだ美男美女が、歌と踊りの大スペクタクルを演じ、エンターテインメントの極致を味わえることで知られる。パリではロートレックが描いた赤い風車で有名な「ムーランルージュ」、テンポが早く華麗なレヴューで名高い「リド」が有名どころ。ラスベガスのホテルのショーもスケールが大きく飽きさせない。

● 音楽と芸術のサマーフェスティバルへ

　音楽好きには夏のニューヨークもいい。6月～7月にＪＶＣジャズフェスティバル、6～8月にはサマー・ピア・ジャズフェスティバル、市内の公園ではクラシックのパークコンサートが催される。ヨーロッパでも夏にはザルツブルク音楽祭(オーストリア)、エジンバラ国際フェスティバル(英国)など、さまざまなイベントやコンサートが開催される。

観光・遊び編

7 ──インフォメーション

カジノ

カジノはもともとヨーロッパ貴族の社交場から発達したもの。マカオやラスベガスではカジュアルな服装でも大丈夫だが、ヨーロッパではジャケット・タイ着用が基本。ゲームはあくまでエレガントに楽しみたい。カジノのほとんどのゲームはチップ（chips）というプラスチックのコインで行う。まずはキャッシャー（cashier）で現金をチップに替え、フロアをひと回りしてから、ゲームにチャレンジしてみよう。Good luck!

いいカジノを教えてください。	Could you recommend a good casino?
何時から何時までオープンしていますか。	What time does the casino open and close?
どんなゲームができますか。	What kind of games can we play?
チップはどこで替えられますか。	Where can I get chips?
100ドル分のチップをください。	Chips for hundred dollars, please.
ルーレットのテーブルはどこですか。	Where is the roulette table?
このゲームはどうやってプレーするのですか。	How can I play this game?
ゲームに参加していいですか。	Can I get in?
最低賭け金はいくらですか。	What is the minimum bet?
この勝負に10ドル賭けます。	I'll bet ten dollars on this.
（ブラックジャックで）カード追加。／追加不要。	Hit. / Stay.
続けます。	I'll keep going.
降ります。	I'm out.

スポーツ観戦

アメリカならフットボール、野球、ヨーロッパではサッカーが圧倒的な人気だ。9～12月のシーズン中のアメリカンフットボールのチケット入手はかなり難しいが、アメリカのメジャーリーグなら、ビッグゲーム以外は予約しなくても当日券が簡単に球場で買える。電話予約を入れ、当日球場のチケット売り場でチケットを受け取る方法もある。イギリスのダービーやクリケット、スペインの闘牛など、その国ならではのスポーツを観戦するのも楽しい。

今週プロ野球の試合はありますか。	Is there a pro-baseball match this week? イズ ゼア ア プロウベイスボール マッチ ズィス ウィークノ
どことどこのチームが対戦しますか。	What teams are playing? ホワッティームズ アー プレイング
ロサンゼルス・ドジャースの試合はいつありますか。	When are the Los Angeles Dodgers playing? ホウェン アー ザ ロース アンジェルス ドジャーズ プレイング
チケットはまだとれますか。	Can I still get a ticket? キャナイ スティル ゲット ア ティケットノ
今日の試合のチケットはどこで買えますか。	How can I buy a ticket for today's game? ハウ キャナイ バイ アティケット フォー トゥデイズ ゲイム
一塁側の内野席を2枚ください。	Two seats on the first base side, please. トゥー スィーツ オン ザ ファースト ベイス サイド プリーズ
この席にはだれか座っていますか。	Is anyone sitting here? イズ エニワン スィッティング ヒアノ
ちょっと詰めてもらえますか。	Could you move over a bit? クッジュー ムーヴ オウヴァ ア ビットノ
どっちが勝っているんですか。	Who's winning? フーズ ウィニング
ヤンキースが2点差でタイガースに勝っています。	The Yankees are leading the Tigers by two. ザ ヤンキーズ アー リーディング ザ タイガーズ バイ トゥー

スポーツをする──ゴルフ、テニス、マリンスポーツ、スキー

　スポーツにチャレンジしたいときは、ホテルに相談してみよう。リゾートホテルではゴルフコースやテニスコートを持っていることもあり、特にゴルフは日本に比べて格安なので気軽に楽しめる。アメリカのゴルフ場では普通キャディーはつかないので、クラブなどの用具は自分でカートに載せて引っ張るか、電動カートを使う。ちなみに「ナイスショット！」は英語では Good shot! という。なぜか Nice shot! とはいわない。

ゴルフ

ゴルフをしたいのですが。	I'd like to play golf.
近くにいいゴルフコースはありますか。	Is there a nice golf course near here?
明日のゴルフの予約をしたいのですが。	I'd like to make a reservation for golf tomorrow.
何名ですか。	How many people?
3人です。	Three.
何時からスタートできますか。	What time can we start?
9時スタートなら空いていますが。	It is available at nine.
それでお願いします。	I'll take it.
用具を借りられますか。	Can we rent the equipment?
用具の使用料は全部でいくらですか。	How much do you charge for all the equipment?
グリーンフィーはいくらですか。	How much is the green fee?

一番ホールのティーはどこですか。	Where is the first tee?
ナイスショット！	Good shot!

テニス

テニスをしたいのですが。	I'd like to play tennis.
テニスコートを借りたいのですが。	I'd like to use a tennis coat.
1時間の使用料はいくらですか。	How much do you charge for an hour?
ラケットとボールを借りられますか。	Can I rent rackets and balls?
今日の午後2時から4時まで予約してください。	Could you make a reservation from 2 to 4 this afternoon?

マリンスポーツ

このビーチではどんなマリンスポーツができますか。	What kind of marine sports can we do at this beach?
釣りをしたいのですが。	I'd like to go fishing.
ウィンドサーフィン [スキューバダイビング] をしたいのですが。	I'd like to try wind surfing [scuba diving].
近くによいダイビングスポットはありますか。	Are there good diving spots around here?
透明度はどうですか。	How is the visibility?

シュノーケル潜水でも楽しめますか。	Is it good enough to enjoy snorkeling?
プログラムと料金表を見せてください。	May I see the program and the price list?
体験ダイビングのコースに参加したいのですが。	I'd like to take an introductory course.
機材の使い方を教えてください。	Please show me how to use the equipment.

スキー

スキー用具はどこで借りられますか。	Where can I rent ski equipment?
スキーと靴を貸してください。	I'd like to rent a pair of skis and boots.
初心者［上級者］用のゲレンデはどこですか。	Where is the beginners [advanced] slope?
講習を受けたいのですが。	I'd like to take a lesson.
リフト乗り場はどこですか。	Where can I take a lift?
このリフトは何時まで動いていますか。	Until what time do you operate this lift?
リフトの１日券をください。	A one-day lift ticket, please.

観光・遊び編ワードマーケット

観光・遊び編

観光ツアー | sightseeing tour

観光バス	sightseeing bus (サイトスィーイング バス)
一日ツアー	one-day tour (ワンデイ トゥア)
半日ツアー	half-day tour (ハーフデイ トゥア)
日帰り旅行	one-day excursion (ワンデイ イクスカージョン)
ツアー料金	tour fee (トゥア フィー)
パンフレット	brochure (ブロウシュア)
送迎場所	pick up point (ピック アップ ポイント)
送迎時刻	pick up time (ピック アップ タイム)

美術館・博物館 | museum

入口	entrance (エントランス)
出口	exit / (英) way out (エグズィット / ウェイ アウト)
開館時間	opening time (オウプニング タイム)
閉館時間	closing time (クロウズィング タイム)
入場料	admission (アドミッション)
入場無料	admission free (アドミッション フリー)
案内図	floor guide (フロー ガイド)
絵画	painting (ペインティング)
彫刻	sculpture (スカルプチャ)
複製	replica (レプリカ)
展示	exhibit (イグズィビット)
館内ツアー	guided tour (ガイデッド トゥア)
写真撮影禁止	No Photographs (ノウ フォウトグラフス)
フラッシュ禁止	No Flash (ノウ フラッシュ)

エンターテインメント・ナイトライフ

演劇	play (プレイ)
映画	movie / cinema (ムーヴィ / スィネマ)
ミュージカル	musical (ミューズィカル)
バレエ	ballet (バレイ)
オペラ	opera (アペラ)
コンサート	concert (カンサト)
切符売り場	ticket office (ティケット オーフィス)
プレイガイド	booking office (ブッキング オーフィス)
チケットエージェント	ticket agent (ティケット エイジェント)
前売り券	advance sale ticket (アドヴァンス セイル ティケット)
当日券	day ticket (デイ ティケット)
席料	cover charge (カヴァ チャージ)
座席表	seating chart (スィーティング チャート)
指定席	reserved seat (リザーヴド スィート)
自由席	free seating (フリー スィーティング)
立ち見席	standing room (スタンディング ルーム)
一階席	orchestra (オーケストラ)
中二階席	mezzanine (メザニーン)
二階席	balcony (バルコニー)
天井桟敷	gallery (ギャラリ)
昼の部	matinee (マティネイ)

7 ワードマーケット

夜の部	evening イーヴニング performance / soiree パフォーマンス　スワーレイ
幕間（休憩）	intermission インタミッション

カジノ | casino

ルーレット	roulette ルーレット
ブラック ジャック	blackjack ブラックジャック
バカラ	baccarat バーカラー
クラップス	craps クラップス
ポーカー	poker ポーカ
キノ	kino キーノウ
スロット マシン	slot machine スラット　マシーン
チップ	chip チップ
賭け金	bet ベット
ディーラー	dealer ディーラ
サイコロ	dice ダイス
トランプ	cards カーヅ
レジ	cashier キャシア

スポーツ観戦

野球場	ball park ボール　パーク
競技場	stadium ステイディアム
試合	game ゲイム
回	inning イニング
1塁側 スタンド	right stand ライト　スタンド
3塁側 スタンド	left stand レフト　スタンド

外野席	outfield　bleachers アウトフィールド　ブリーチャズ
プロ野球	professional baseball プロフェショナル　ベイスボール
大リーグ	major　league メイジャ　リーグ
サッカー	soccer /《英》football サカ　　　　フットボール
フットボール	football フットボール
ラグビー	rugby ラグビ
バスケット ボール	basketball バスケットボール
アイス ホッケー	ice hockey アイス　ハキ

スポーツをする

ゴルフをする	play golf プレイ　ガルフ
テニスをする	play tennis プレイ　テニス
スキーをする	ski スキー
スケートを する	skate スケイト
水泳をする	swim スウィム
スキューバ ダイビング	scuba　diving スキューバ　ダイヴィング
シュノーケル	snorkel スノーケル
サーフィン	surfing サーフィング
乗馬	horseback　riding ホースバック　ライディング
サイクリング	cycling サイクリング
ハイキング	hiking ハイキング
キャンプ	camping キャンピング
登山	mountain climbing マウンテン　クライミング
釣り	fishing フィッシング
用具	equipment イクウィップメント

PART 8

【 ショッピング編 】

これだけでOK！
よくでるフレーズベストテン
[ショッピング編]

1. 何かお探しですか。

   May I help you?
   メイ　アイ　ヘルプ　ユーノ

2. ちょっと見ているだけです。

   Just looking, thank you.
   ジャスト　ルッキング　サンキュー

3. 〜はありますか。

   Do you have 〜?
   ドゥ　ユー　ハヴ　ノ

4. あれを見せてください。

   May I see that?
   メイ　アイ　スィー　ザットノ

5. 試着してもいいですか。

May I try this on?
メイ アイ トライ ズィス オン

6. いくらですか。

How much?
ハウ マッチ

7. まけてください。

Please discount.
プリーズ ディスカウント

8. これをください。

I'll take this.
アイル テイク ズィス

9. 現金ですか、カードですか。

Cash or charge?
キャッシュ オア チャージ

10. カードで払います。

Charge, please.
チャージ プリーズ

店を探す

ヨーロッパでは原則としてお店は日曜は休み。国によっては日曜だけでなく、土曜の午後や月曜の午前中、夏の午後のシエスタ中に店を閉めるところもある。逆にノミの市は週末に開かれることが多い。閉店時間も夕方6時〜8時と早めなので、ショッピングデイとして週1日、木曜日などを夜10時ころまで開けておく地域もある。8月のバカンスシーズンやクリスマスタイムにも閉店が多いので、営業時間や閉店日はよく確認してから出かけよう。

この町のショッピング街はどこですか。	Where is the shopping area in this town?
免税店はどこにありますか。	Where is the tax-free shop?
有名ブランドを扱う高級商店街はありますか。	Are there exclusive shops which sell world-famous brands?
この近くにスーパーはありますか。	Is there a supermarket around here?
今日やっているノミの市はありますか。	Is there a flea market open today?
アンティークはどこで買えますか。	Where can I buy antiques?
この町のおみやげにはどんなものがありますか。	What kind of souvenirs are there in this town?
それはどこで手に入りますか。	Where can I get them?
手ごろなおみやげ店を教えてください。	Please tell me a good souvenir shop.
どうやって行けばよいのですか。	How can I go there?
お店は何時まで開いていますか。	Until what time do shops open?
今日は営業していますか。	Are they open today?

店で品物を選ぶ

日本では店に入るとき、客が店の人にあいさつをする必要は特にない。けれど欧米では店に黙って入るのは、他人の家に黙って入るようなものでマナー違反になる。店に入るときは、おじゃましますという気持ちを込めて、まず店員に Hello. と笑顔であいさつを。

ブティックでは日本と違って商品に勝手に触れるのも失礼にあたるので、さわりたいとき、試着したいときは、May I ～? (～してもいいですか)と断りを入れよう。(p.160 INFORMATION 参照)

洋服

自分用のジャケットを探しています。	I'm looking for a jacket for myself.
子供用のTシャツはありますか。	Do you have T-shirts for children?
(指差して)あれを見せてください。	May I see that?
ショーウインドーにあるブラウスを見せてください。	May I see the blouse in the window?
さわってもいいですか。	May I touch this?
これのサイズはいくつですか。	What size is this?
素材は何ですか。	What is this made of?
どこ製ですか。	Where is this made?
洗濯機で洗えますか。	Can it be machine-washed?
色違いはありますか。	Do you have this in other colors?
もっと地味[派手]なのはありますか。	Do you have a plainer [flashier] one?

もう少し安いものはありますか。	Do you have less expensive one?
試着してもいいですか。	May I try this on?
試着室はどこですか。	Where is the fitting room?
サイズが合いません。	It doesn't fit me.
大きすぎ［小さすぎ］ます。	This is too big [small].
長すぎ［短すぎ］ます。	This is too long [short].
きつすぎ［ゆるすぎ］ます。	This is too tight [loose].
もう少し小さい［大きい］サイズのものはありますか。	Do you have a smaller [bigger] one?
サイズがわかりません。	I don't know my size.
サイズを計っていただけますか。	Could you take my measurements?
これはぴったりです。	This fits me perfectly.
これにします。	I'll take this.
少し考えさせてください。	I'll think about it.

バッグ

小さめのショルダーバッグを探しています。	I'm looking for a small shoulder bag.
予算は100ドルくらいです。	My budget is around 100 dollars.

グッチのハンドバッグは置いてありますか。	Do you carry Gucci handbags?
これは何の革ですか。	What kind of leather is this?
もう少し柔らかい革を使ったバッグはありますか。	Do you have bags made of softer leather?
もう少し収納ポケットのあるバッグが欲しいのですが。	I'd like a bag with more pockets.
ほかのデザインのものはありませんか。	Do you have any other designs?

■ 靴

黒い靴が欲しいのですが。	I'd like black shoes.
サイズはおいくつですか。	What is your size?
サイズ37だと思いますが。	I think it's size 37.
材質は何ですか。	What's the material?
牛皮です。	Calfskin.
はいてもいいですか。	May I try these on?
少しゆるいのですが。	They are too big for me.
つま先が少しきついのですが。	The toes are a bit tight.
ヒールのもう少し低いものはありますか。	Do you have other shoes with lower heels?
同じデザインで茶色のものはありますか。	Do you have brown ones in the same style?

INFORMATION
マナーを知ってショッピングの達人になろう

　ヨーロッパの高級ブティックや専門店は、エレガントにショッピングを楽しむところだ。落ち着いた店内にあいさつもせずにどかどか入りこんだり、きれいに並べてある商品を勝手に手に取って広げたり、店内で大声で仲間を呼んだりするのは当然ながらたいへん嫌がられる。たとえば、パリの高級店でこれをやったら、その後店員に感じのいい対応を期待するのはまず無理だろう。

　そこで専門店でのショッピングを気持ちよくするためのアドバイスを2、3。まずお店に入るときは、お店の人に「おじゃまします」というつもりできちんとあいさつを。つまりドアを開けたら、お店の人を見てHello.とひとこと声をかけよう（これが大事。できれば素敵な微笑みとともに言おう）。さらにその人にMay I see inside?（ちょっと中を見せていただいてもかまいません?）と声をかければカンペキだ。相手がOf course.とか、Sure.と言ってくれたら、あなたはきちんとした客人として歓迎されているしるし。堂々と中に入って商品を見せてもらおう。

　次に店内での注意。並べてある商品は店の大事なディスプレー。広げたいときさわりたいときは、店員にひとこと断るのが礼儀だ。Excuse me, may I touch?（すみません、さわってもいいですか）というひとことが、きちんとした大人として映るかどうかの境目となる。手の届かないところにあるものは無理して取ったりしないで、May I see that?（あれを見せてもらえますか）と店員に頼むほうがいい。とにかくオシャレな店ほどディスプレーには気を配っているわけだから、勝手にいじられるのを嫌うものだ。そのかわり、自分の好みや商品についての希望、色や形など、どんなわがままでもストレートに頼んでいい。向こうは商品のプロ。注文が難しければ難しいほどその要望に答えるために一生懸命動いてくれるだろう。

　さて、買う物が決まったら「これにします」はI'll take this.とかThis one, please.がナチュラルでいい感じ。支払いを終え、品物をもらうときには、店員のヘルプに感謝を込めてThank you、店を出るときは、Good-by.を忘れずに。これであなたはショッピングの達人だ。

時計

女性用の腕時計を見せてください。	Would you show me some watches for ladies?
これを見せてください。	May I see this?
左から3番目の時計を見せてください。	May I see the third watch from the left?
どこ製ですか。	Where is this made?
防水機能はありますか。	Is it waterproof?
電池式ですか。	Does it work by batteries?
海外保証書付きですか。	Does it come with an overseas warranty?
時計の時間を合わせておいてください。	Set the watch, please.

アクセサリー

ルビーの指輪を見せてほしいのですが。	I'd like to see some ruby rings.
100ドルくらいで素敵なネックレスはありますか。	Do you have a nice necklace around 100 dollars?
このケースの指輪を見せてください。	May I see the ring in this case?
これは何という宝石ですか。	What is this stone?
この宝石の産地はどこですか。	Where is this stone from?
これは何金ですか。	How much karat is this gold?
18金です。	It's 18-karat gold.
これは本物のダイヤですか。	Is this a real diamond?
品質鑑定書付きですか。	Does it come with an appraisal?
私の薬指のサイズを測ってください。	Could you take the measurements of my ring finger?
つけてみてもいいですか。	May I try it on?
鏡で見たいのですか。	I'd like to look in a mirror.

化粧品

日焼け止めクリームはありますか。	Do you have sun screening cream?
生理用品はありますか。	Do you have sanitary pads?
クリスチャン・ディオールの新色の口紅はありますか。	Do you have Christian Dior's new color lipsticks?
もう少し明るい色がいいのですが。	I'd like bright color better.
シャネルの香水[オーデコロン]はありますか。	Do you carry Chanel perfumes [eau de Cologne]?
最近の人気の香水は何ですか。	Which perfume is popular recently?
マニキュアを見せてください。	Please show me some nail enamel.

おみやげ店で

この国にはどんな工芸品がありますか。	What kind of craft works are there in this country?
この国のおみやげとして何がおすすめですか。	What do you recommend as a souvenir from this country?
これは何でできていますか。	What is this made of?
あの木彫りの人形を見せてください。	Could you show me that wooden doll?

カメラ店で

フィルムはどこで買えますか。	Where can I buy a film?
コダックのカラーフィルムを1本ください。	Can I have a roll of Kodak color film?
36枚撮りをください。	36 exposures, please.
カラースライド用のフィルムをお願いします。	I'd like a film for color slides.
これらのフィルムの現像とプリントをお願いします。	Please develop and print these films.
プリントは普通サイズでお願いします。	Please print each in regular size.
これらの写真を焼増ししてもらえますか。	Could you make copies of these pictures?
これらの写真を引き伸ばしてほしいのですが。	I'd like to have these pictures enlarged.
いつ仕上がりますか。	When will it be ready?
カメラの調子が悪いのですが。	Something is wrong with my camera.
調べてもらえますか。	Could you check it?
フィルムが巻けません。	The film winder doesn't work.
シャッターが切れません。	I can't release the shutter.

サイズを直す

　ビッグサイズの多い海外では、せっかく気に入った服を見つけてもサイズが合わないことがよくある。そんなときには直しを頼んでみよう。どこを直すかによって表現は微妙に違うので、直してほしい場所を指差してMake this shorter, please.（ここを短くしてください）などというのが簡単だ。

このワンピース長すぎるんですが、丈を直していただけますか。	This dress is too long for me. Could you adjust the length?
サイズを直してもらえますか。	Could you alter this, please?
すそを上げてください。	Take the hem up, please.
ウエストをつめて[ゆるめて]ください。	Take in [Take out] the waist, please.
袖を2インチつめてください。	Shorten the sleeves two inches, please.
ここを短くしてください。	Make this part shorter, please.
ベルトに余分の穴を開けてください。	Make some extra holes on the belt, please.
直しにはどのくらい時間がかかりますか。	How long will it take to get ready?
いつ受け取れますか。	When can I pick it up?
木曜日までにやってもらえますか。	Could you make it by Thursday?
直し代はいくらかかりますか。	How much do you charge?

ショッピング編

8 — サイズを直す

INFORMATION
衣料と靴のサイズ表

サイズは国やメーカーによってまちまちだ。次の表はおよその目安なのであくまで参考に。試着して自分にジャストフィットするサイズを見つけよう。

■衣料のサイズ表

Yシャツ	男性	日本	36	37	38	39	40	41
		アメリカ	S		M	L		XL
		イギリス	14	14.5	15	15.5	16	16.5
		ヨーロッパ	36	37	38	39	40	41
洋服	女性	日本	7	9	11	13	15	17
		アメリカ	XS	S		M		L
			8	10	12	14	16	18
		イギリス	8	10	12	14	16	18
		ヨーロッパ	36	38	40	42	44	46

■靴のサイズ表

靴	男性	日本	24	24.5	25	25.5	26	26.5	27	27.5	28
		アメリカ	6.5	7	7.5	8	8.5	9	9.5	10	10.5
		イギリス	5.5	6	6.5	7	7.5	8	8.5	9	9.5
		ヨーロッパ	38	39	40	41	42	43	44	45	46
靴	女性	日本	22	22.5	23	23.5	24	24.5	25	25.5	26
		アメリカ	4.5	5	5.5	6	6.5	7	7.5	8	8.5
		イギリス	3.5	4	4.5	5	5.5	6	6.5	7	7.5
		ヨーロッパ	34	35	36	37	38	39	40	41	42

上手に値切る

アジア、アフリカ、中近東、中南米での買物では値切るのがあたりまえ。値札が最初からついていないときには、相手の言い値にふりまわされず、その国の物価を考えたうえで自分の買ってもいい値段の半値くらいから交渉を始めるのが妥当。交渉の中で店の人は言い値を下げ、こちらは言い値を上げて歩みより、お互いにとってハッピーな値段を見つけるのが値札のない国での交渉方法だ。まとめて買い、安くしてもらうという手もある。

欧米でも個人商店やノミの市ではまけてくれることがあるのでTPOをふまえてトライしてみよう。

高すぎます。	It's too expensive.
まけてください。	Give me a discount, please.
値引きしてもらえませんか。	Can't you come down a little?
30ドルにしてください。	Make it 30 dollars.
40ドルではどうですか。	How about 40 dollars?
もう少し安くできませんか。	Can't you make it a little cheaper?
もう少しまけてくれませんか。	Can I have a little more discount?
60ドルしか出せません。	My last price is 60 dollars.
現金で払えば安くなりますか。	Could you discount if I pay in cash?
3つではいくらですか。	How much for three?
3つ買うから100ドルにして！	Make it 100 dollars for three.

支払う

買うときは I'll take this.（これをください）という決まり文句が便利。2つ欲しいときは、I'll take two of these. となる。支払い方法は Cash or charge?（現金ですか、カードですか）という決まり文句でたずねられることが多い。charge は、クレジットカードにチャージしますかという意味。アメリカでよく使われる表現だ。

これをください。	I'll take this.
これと同じものを4つください。	I'll take four of these.
レジはどこですか。	Where is the cashier?
全部でいくらですか。	How much all together?
税金は含まれていますか。	Does it include tax?
支払いは現金ですか、カードですか。	Cash or charge?
カードでお願いします。	Charge, please.
JCBカードは使えますか。	Do you accept JCB card?
日本円[トラベラーズチェック]は使えますか。	Can I use Japanese yen [traveler's checks]?
まだお釣りをもらっていません。	I haven't got the change yet.
お釣りが足りません。	I am short-changed.
100ドル札を渡しました。	I gave you a 100 dollar bill.
もう一度確かめてください。	Could you check it again?
領収書をください。	May I have a receipt?

免税手続きの書類をもらう

　ヨーロッパの多くの国では、一定の金額以上の買い物をすると、旅行者に付加価値税分を返してくれるといううれしい免税システムがある。免税店（tax-free shop）で買うと免税手続きを代行してくれるが、町の普通の店で買い物をした場合は自己申告となるので、自分で手続きすれば免税分が戻ってくるというわけだ。

　手続きは国によって違いがあるが、まずお店で免税書類を作ってもらう。その後出国時に税関で商品を見せて領収書を添付した免税書類にスタンプを押してもらい、払い戻しカウンターで返金してもらうというのが一般的だ（詳しくはp.170参照）。

免税の手続き用の書類をください。	May I have a tax refund form, please?
どうやって手続きすればよいのですか。	What can I do to get the tax refund?
どのくらいの税金が返ってきますか。	How much can I get the refund?
パスポートを見せてください。	Your passport, please.
受け取り方法は小切手がいいですか、銀行振り込みがいいですか。	How would you like to receive, by check or into your bank account?
銀行振り込みにしてください。	Into my bank account, please.
クレジットカードの番号を書いてください。	Please write down the number of your credit card.
サインをお願いします。	Your signature, please.

INFORMATION
免税システムを知っておこう

　免税が受けられるのは空港の免税店だけではない。とりわけヨーロッパでは、市内の店に、付加価値税を旅行者に返してくれる免税システムを取り入れている店が多い。このような店では、一定額以上の買い物をすると免税扱いになる。最低額は国によって違う。買うときは額面どおり支払い、所定の手続きをすると手数料を引いた10％前後の税金が戻ってくるというものだ。税率や手続きも国によって違うが、おおまかな手続き方法は以下の通り。

①Tax Freeの表示のある店で買い物をしたときに、免税書類を作ってもらう。この書類がないと領収書だけでは手続きはできないので注意。

②出国時に空港の税関で領収書を添付した免税書類と商品を提示し、書類にスタンプを押してもらう。

③出国審査を過ぎてから、空港内の払い戻しカウンターで、免税分のお金を受け取る。国によっては現地紙幣だけでなく、ドルや日本円で受け取れるところもある。

※現金で受け取れない国では、空港内のポストに書類を投函すると、クレジットカードの銀行口座に振り込んでもらえる。また、右の写真のロゴの入ったグローバル・リファンド社の書類なら、帰国時に成田空港または関西空港の払い戻しカウンターで日本円で返金してもらえる。

※EU（欧州連合）加盟国を2カ国以上訪れる場合は、最後の訪問国の空港の税関にてまとめて手続きを行う。

◀免税手続きの説明書
ヨーロッパでの免税手続きの方法や空港での現金の受け取り場所などを説明している。免税店や空港で手に入る。

包装・配達を頼む

欧米では日本と違ってラッピングはとてもシンプルだ。買ったものをまとめて紙袋にポイということも。ギフト用にしたいとき、別々に包んでほしいときはそのことをキチンと伝えよう。買い物がすんだら Thank you.、店を出るときには Good-by.、そして笑顔を忘れずに。

ギフト用に包装していただけませんか。	Will you gift-wrap this, please?
値札を取ってください。	Take off the price tags, please.
別々に包んでください。	Wrap them separately, please.
全部一緒に包んでけっこうです。	You can wrap them together.
ビニール袋をもらえますか。	Can I have a plastic bag, please?
ホテルまで届けてもらえますか。	Could you deliver this to my hotel?
日本に送ってもらえますか。	Could you send it to Japan?
航空便[船便]で送ると何日くらいで日本に着きますか。	How long does it take to send it to Japan by airmail [sea mail]?
航空便でいくらくらいかかりますか。	How much does it cost by airmail?
送料を着払いにできますか。	Can I pay the charge by collect on delivery?
保険料はいくらですか。	How much is the insurance?
保険をかけたいのですが。	I'd like to buy insurance.
申告する必要がありますか。	Do I need to declare?

返品する

商品の返品(return)や交換(exchange)を頼むときには、必ず領収書を持参すること。一度購入したものは、キズや汚れも普通本人の責任と見なされることがあるので、品物は買う前によくチェックしよう。

昨日お宅でこれを買いました。	I bought this yesterday.
返品したいのですが。	I'd like to return this.
ここにほころびがありました。	There is a rip here.
ここにしみがついていました。	I found a stain here.
こわれていました。	It was broken.
サイズが合いませんでした。	It didn't fit me.
大きいサイズと取り替えてください。	Could you exchange this for a bigger one?
新しいもの[ほかの品物]と取り替えてくれますか。	Could you exchange it for a new one [something else]?
返金してください。	I'd like a refund.
これが領収書です。	Here is a receipt.

ショッピング編ワードマーケット

ショッピングに必要な言葉

レジ	cashier (キャシア)
現金	cash (キャッシュ)
支払う	pay (ペイ)
カードで支払う	charge (チャージ)
定価	original price (オリジナル プライス)
予算	budget (バジェット)
値引き	discount (ディスカウント)
売り上げ税	sales tax (セイルズ タックス)
付加価値税	VAT (ヴィーエイティー)
お釣り	change (チェインジ)
領収書	receipt (リスィート)
値札	price tag (プライス タッグ)
紙袋	paper bag (ペイパ バッグ)
ビニール袋	plastic bag (プラスティック バッグ)
包む	wrap (ラップ)
届ける	deliver (ディリヴァ)

店 | shops

デパート	department store (ディパートメント ストー)
洋服店	clothes shop (クロウズ シャップ)
ブティック	boutique (ブーティーク)
毛皮店	furrier's (ファーリアズ)
靴店	shoe store (シュー ストー)
時計店	watch store (ワッチ ストー)
宝石店	jeweler's (ジューエラーズ)
メガネ店	optician (オプティシャン)
帽子店	hat shop (ハット シャップ)
カバン店	baggage store (バゲッジ ストー)
カメラ店	camera shop (キャメラ シャップ)
書店	bookstore (ブックストー)
文房具店	stationery shop (ステイショネリ シャップ)
ＣＤ店	CD shop (スィーディー シャップ)
花店	florist's (フローリスツ)
家具店	furniture shop (ファーニチャ シャップ)
骨董店	antique shop (アンティーク シャップ)
食器店	tableware shop (テイブルウェア シャップ)
民芸品店	craftwork shop (クラフトワーク シャップ)
おみやげ物店	souvenir shop (スーヴェニア シャップ)
免税店	duty-free shop (デューティフリー シャップ)
薬局	pharmacy (ファーマスィ) / 《米》drugstore (ドラッグストー) / 《英》chemist's (ケミスツ)
化粧品店	cosmetics shop (カズメティックス シャップ)
スーパーマーケット	supermarket (スーパマーケット)
食料品店	grocery store (グロウセリ ストー)
青果商	vegetables store (ヴェジタブルズ ストー)

肉店	butcher ブッチャ
魚店	fish shop フィッシュ シャップ
惣菜店／デリカテッセン	delicatessen / deli デリカッテッセン デリ
パン店	bakery ベイカリ
菓子店	confectionery コンフェクショネリ
酒店	liquor store リカ ストー

洋服 | clothes

男女用

スーツ	suit スート
シャツ	shirt シャート
Tシャツ	T-shirt ティーシャート
ポロシャツ	polo shirt ポロウ シャート
ベスト	vest ヴェスト
トレーナー	sweat shirt スウェット シャート
セーター	sweater スウェタ
カーディガン	cardigan カーディガン
ブレザー	blazer ブレイザ
ジャケット	jacket ジャケット
ダウンジャケット	down jacket ダウン ジャケット
コート	coat コウト
レインコート	raincoat レインコウト
ジーンズ	jeans ジーンズ
パンツ	pants パンツ
ベルト	belt ベルト
手袋	gloves グラヴズ
靴下	socks サックス
水着	swimsuit スウィムスート
パジャマ	pajamas パジャーマズ

男性用

紳士洋品	men's clothes メンズ クロウズ
サファリスーツ	safari suit サファーリ スート
タキシード	tuxedo タクスィードウ
ワイシャツ	shirt シャート
ネクタイ	tie タイ
タイピン	tiepin タイピン
カフス	cuff links カフ リンクス
ズボン	trousers トラウザズ
ブリーフ	brief ブリーフ

女性用

婦人洋品	ladies' clothes レイディズ クロウズ
ワンピース	dress ドレス
ツーピース	suit スート
ボディースーツ	bodysuit バディスート
夜会服	evening dress イーヴニング ドレス
ブラウス	blouse ブラウス
スカート	skirt スカート
スラックス	slacks スラックス
パンティー	pantie パンティ

ブラジャー	brassiere	ブラジァア
スリップ	slip	スリップ
ストッキング	stockings / 《英》tights	ストッキングズ / タイツ

サイズ・デザイン | size & design

長袖	long sleeve	ローング スリーヴ
半袖	short sleeve	ショート スリーヴ
袖なし	without sleeves	ウィザウト スリーヴ
Vネック	V-neck	ヴィーネック
丸首	round neck	ラウンド ネック
タートルネック	turtle neck	タートル ネック
えり	collar	カラ
ボタン	button	バトン
ポケット	pocket	パケット
シングルの	single-breasted	スィングルブレスティド
ダブルの	double-breasted	ダブルブレスティド
既製の	ready-made	レディメイド
オーダーメードの	made-to-order	メイドトゥオーダ
カジュアルな	casual	キャジュアル
エレガントな	elegant	エレガント
フォーマルな	formal	フォーマル
Sサイズ	small size (S)	スモール サイズ エス
Mサイズ	medium size (M)	ミーディアム サイズ エム
Lサイズ	large size (L)	ラージ サイズ エル
LLサイズ	extra large (XL)	エクストラ ラージ エックスエル
きつい／ゆるい	tight / loose	タイト / ルース
ちょうどいい	fit	フィット
似合う	suit	スート
薄い／厚い	thin / thick	スィン / スィック

靴・バッグ | shoes & bags

婦人靴	ladies' shoes	レイディズ シューズ
紳士靴	men's shoes	メンズ シューズ
革靴	leather shoes	レザ シューズ
ハイヒール	high-heeled shoes	ハイヒールド シューズ
ローヒール	low-heeled shoes	ロウヒールド シューズ
パンプス	pumps	パンプス
スニーカー	sneakers	スニーカズ
ズック	duck	ダック
雨靴	rain boots [shoes]	レイン ブーツ [シューズ]
サンダル	sandals	サンダルズ
ハンドバッグ	handbag	ハンドバッグ
ショルダーバッグ	shoulder bag	ショウルダ バッグ
旅行用バック	overnight bag	オウヴァナイト バッグ
ボストンバッグ	Boston bag	ボーストン バッグ
ブリーフケース	briefcase	ブリーフケイス
財布（小銭入れ）	purse	パース
財布（札入れ）	wallet	ワレット
ポーチ	pouch	パウチ

アクセサリー・宝石 | accessories & jewelry

- ネックレス … necklace (ネックレス)
- 指輪 … ring (リング)
- ブレスレット … bracelet (ブレイスレット)
- ペンダント … pendant (ペンダント)
- ブローチ … brooch (ブロウチ)
- イヤリング … earrings (イアリングズ)
- ピアス … pierced earrings (ピアスト イアリングズ)
- 真珠 … pearl (パール)
- ダイヤモンド … diamond (ダイアモンド)
- エメラルド … emerald (エメラルド)
- ルビー … ruby (ルービ)
- サファイア … sapphire (サファイア)
- オパール … opal (オウパル)
- トパーズ … topaz (トウパズ)
- ひすい … jade (ジェイド)
- サンゴ … coral (コーラル)
- トルコ石 … turquoise (ターコイズ)
- こはく … amber (アンバ)
- 金 … gold (ゴウルド)
- 純金 … pure gold (ピュア ゴウルド)
- 18金 … 18-karat gold (エイティーン キャラット ゴウルド)
- 銀 … silver (スィルヴァ)
- プラチナ … platinum (プラティナム)

衛生用品・化粧品 | toiletries & cosmetics

- 歯ブラシ … toothbrush (トゥースブラッシ)
- 歯みがき粉 … toothpaste (トゥースペイスト)
- 爪切り … nail clippers (ネイル クリッパズ)
- かみそり … razor (レイザ)
- ひげそりクリーム … shaving cream (シェイヴィング クリーム)
- トリートメント … hair treatment (ヘア トリートメント)
- ティッシュペーパー … tissue (ティシュー)
- 生理用ナプキン … sanitary napkin (サニタリ ナプキン)
- 日焼け止めローション … suntan lotion (サンタン ロウション)
- 化粧水 … skin lotion (スキン ロウション)
- 乳液 … skin milk (スキン ミルク)
- コールドクリーム … cold cream (コウルド クリーム)
- ファンデーション … foundation (ファウンデイション)
- 口紅 … lipstick (リップスティック)
- アイシャドウ … eye shadow (アイ シャドウ)
- アイライナー … eyeliner (アイライナ)
- マスカラ … mascara (マスカラ)
- 香水 … perfume (パーフューム)
- オーデコロン … cologne / eau de Cologne (コロウン / オウ デ コロウン)
- マニキュア … nail enamel [polish] (ネイル イナメル [パリッシュ])
- マニキュア除光液 … polish remover (パリッシュ リムーヴァ)

PART 9

【 電話・郵便編 】

これだけでOK!
よくでるフレーズベストテン
[電話・郵便編]

1. もしもし。

   Hello.
   ヘロウ

2. 305号室をお願いします。

   Room 305, please.
   ルーム　スリーオウファイヴ　プリーズ

3. 日本へ電話をかけたいのですが。

   I'd like to make a call to Japan.
   アイド　ライク　トゥ　メイク　ア　コール　トゥ　ジャパン

4. コレクトコールでお願いします。

   Collect call, please.
   コレクト　コール　プリーズ

5. そのままお待ちください。

Hold on a line, please.
ホウルド　オナァ　ライン　プリーズ

6. いったん切ってお待ちください。

Hang up and wait.
ハング　アップ　アンド　ウェイト

7. 日本に絵はがきを出したいのですが。

I'd like to send a postcard to Japan.
アイド　ライク　トゥ　センド　ア　ポウストカード　トゥ　ジャパン

8. エアメールでお願いします。

By airmail, please.
バイ　エアメイル　プリーズ

9. 40セントの切手を5枚ください。

Five 40 cents stamps, please.
ファイヴ　フォーティ　センツ　スタンプス　プリーズ

10. これを投函していただけますか。

Could you mail this for me?
クッジュー　メイル　ズィス　フォー　ミー♪

公衆電話──市内・市外電話

　公衆電話はアメリカでは pay phone、イギリスでは public telephone という。使い方は国ごとに微妙に違うが、各国ともまず最低料金のコインを入れてかけるのは同じ。テレホンカードやクレジットカード用の電話機もあるが、アメリカではテレホンカードの代わりにプリペイドカードが使用されている。お釣りの戻らない電話機もあるので、小銭かカードを用意してかけよう。

公衆電話はどこですか。	Where is the pay phone? ホウェアリズ　ザ　ペイ　フォウン
テレホンカードは使えますか。	Can I use a telephone card? キャナイ　ユーズ　ア　テレフォウン　カードノ
どうやって使えばいいですか。	How can I use this? ハウ　キャナイ　ユーズ　ズィス
どのコインが必要ですか。	Which coin do I need? ホウィッチ　コイン　ドゥ　アイ　ニード
この番号からかければいいのですか。	Do I dial from this number? ドゥ　アイ　ダイアル　フラム　ズィス　ナンバノ
市外局番が必要です。	You need the area code. ユー　ニード　ズィ　エアリア　コウド
シカゴの市外局番はわかりますか。	Do you know the area code for Chicago? ドゥ　ユー　ノウ　ズィ　エアリア　コウド　フォー　シカーゴウノ
内線256番をお願いします。	Extension number 256, please. イクステンション　ナンバ　トゥーファイヴスィックス　プリーズ

イギリスのテレホンカード（BT 社）　　　フランスのテレホンカード

もしもし。ニール・リードさんをお願いします。	Hello. May I speak to Mr. Neil Reed, please?
石田と申します。	This is Ishida speaking.
外出しています。	He is out now.
何時ごろお帰りですか。	What time will he come back?
ではまたかけなおします。	Then I'll call back later.
伝言をお願いできますか。	Could you take a message?
ご伝言はありますか。	Would you like to leave a message?
石田から電話があったと伝えてください。	Please tell him Ishida called.
ヒルトンホテル507号までお電話くださるようお伝えください。	Could you tell him to call me back to room 507, Hilton Hotel?
ホテルの電話番号は3567－2239です。	The telephone number of the hotel is 3567-2239.

イタリアのテレホンカード
(左上を切り取って使う)

INFORMATION

公衆電話の使い方

■アメリカ

市内通話はコインを入れてダイヤルする。市外通話は都市別最低料金が必要で、料金が足りないとオペレーターが、90 cents, please. などと割り込んで言うので、その金額を入れると回線がつながる。いわゆるテレホンカードはないが、カードに印字してあるコード番号を入力して使うプリペイドカードが販売されている。国際電話にはクレジットカード用電話が便利だ。

●アメリカの公衆電話

■イギリス

受話器を取り発信音を確かめてからコインを入れダイヤルする。テレホンカードにはBT社、マーキュリー社などのものがあり、各社の専用公衆電話からかける。クレジットカードやプリペイドカードが利用できるものもある。

●イギリスの公衆電話

■フランス

公衆電話はほとんどがテレホンカードかプリペイドカードを使う形式。カフェではコイン専用電話も使われている。

■イタリア

公衆電話はテレホンカードを使うものが多い。カードは左上の三角の切り込みを切ってから使う。カフェやバールではコイン式のものを置いてあることも。

●イタリアの公衆電話

国際電話

　ホテルや街の公衆電話から日本へ直通電話がかけられるので、よっぽどへんぴな所からでないかぎり、今までのようにオペレーターを通して番号指定通話や指名通話を申し込む必要はなくなった。国際電話も公衆電話を利用するとホテルからかけるより格安だ。テレホンカードを1枚買って街角の電話ボックスから元気コールをしよう。郵便局や電話局に設置されたブースからかけ、まとめて代金を後払いできる国もある。

　また、オペレーター通話では、Hold the line. は「電話を切らずにお待ちください」、Hang up. は「電話を切ってください」の意味。どちらもよく使われる表現だ。

公衆電話・ホテルから直通電話する

テレホンカードを1枚ください。	Can I have a telephone card, please?
5ポンドと10ポンドがありますがどちらにしますか。	Which one do you want, for 5 pounds or 10?
この電話ボックスから国際電話がかけられますか。	Can I make an international call from this pay phone?
ホテルの部屋から日本に直通電話がかけられますか。	Can I dial direct to Japan from the room of the hotel?
外線番号は何番ですか。	What number do I need to call outside?

コレクトコール・指名通話・番号通話

こちらは国際電話のオペレーターです。	This is the operator for ズィス イズ ズィ アペレイタ フォー International Telephone Call Service. インタナショナル テレフォウン コール サーヴィス
日本にコレクトコールで電話したいのですが。	I'd like to make a collect call to アイド ライク トゥ メイク ア コレクト コール トゥ Japan. ジャパン
番号通話になさいますか。	Would you like to make a ウッジュー ライク トゥ メイク ア station-to-station call? ステイションㇳゥステイション コール↗
いいえ、指名通話でお願いします。	No. Make it a person-to-person ノウ メイク イット ア パースンㇳゥパースン call, please. コール プリーズ
お名前は？	Your name, please. ユア ネイム プリーズ
先方の番号をお願いします。	What's the number, please? ホワッツ ザ ナンバ プリーズ

東京03-3246-5678をお願いします。	**Tokyo 03-3246-5678.** トーキョー オウスリー スリートゥーフォースィックス ファイヴスィックスセヴンエイト
どなたにおかけですか。	**Who would you like to talk to?** フー ウッジュー ライク トゥ トーク トゥ
そのままお待ちください。	**Hold the line, please.** ホウルド ザ ライン プリーズ
いったん電話を切ってお待ちください。こちらからお呼び出しいたします。	**Hang up and wait a moment.** ハング アップ アンド ウェイト ア モウメント **I'll call you back.** アイル コール ユー バック
どなたもお出になりません。	**Nobody answers.** ノウバディ アンサズ
お話し中です。	**The line is busy.** ザ ライン イズ ビズィ
お待ちになりますか、通話を取り消しますか。	**Would you like to wait or cancel?** ウッジュー ライク トゥ ウェイト オア キャンセル
後でもう一度呼んでみてください。	**Could you try again later?** クッジュー トライ アゲン レイタノ
つながりました。お話しください。	**The line is connected. Go ahead.** ザ ライン イズ コネクティド ゴウ アヘッド

INFORMATION

海外から日本へ──国際電話のかけ方

①公衆電話、携帯電話からかける

＜アメリカから東京03-1234-5678にかける場合＞

アメリカの 国際電話識別番号	日本の 国番号	東京の 市外局番	相手先の番号
↓	↓	↓（最初の0を省く）↓	
011　▶	81	3　▶	1234-5678

＜イギリスから日本の携帯電話090-1234-5678にかける場合＞

イギリスの 国際電話識別番号	日本の 国番号	日本の 携帯番号の頭	相手先の番号
↓	↓	↓（最初の0を省く）↓	
00　▶	81	90　▶	1234-5678

「国際電話識別番号」とは、外国に電話をするときに必要なアクセス番号で、アメリカやカナダからは011、韓国やタイからは001、ほとんどのヨーロッパの国からは00など、国によって若干違う。

旅行に持って来た日本の携帯電話からのかけ方も基本的には同じ。携帯の場合は＋を表示させて国際電話識別番号の代わりにすることができる。どの国からかけるときでも、＋を出した後で国番号を続け、上と同じようにかければよい。携帯が勝手に滞在国の国際電話識別番号を探してつないでくれるので便利だ。＋表示の出し方は機種によって違うのでメーカーに確認を。

ホテルの部屋からかける場合は、最初に外線番号が必要になる。

②日本の電話会社を通してかける

日本の国際電話会社の国別アクセス番号にかけ、日本語の音声ガイダンスに従ってダイヤルする方法もある。クレジットカードや、日本で販売されているプリペイドカードの番号を入力してつなげるので、現地ではキャッシュレスでかけられ料金もお得。ただ会社ごとに、しかも国別にアクセス番号が全部違う点がちょっと面倒かも。KDDIのスーパージャパンダイレクト、ソフトバンクテレコムのホームダイヤル、NTTコミュニケーションズの国際クレジットカード電話などのサービスがある。

＜問い合わせ先＞

KDDI　☎0057（24時間受付）

NTTコミュニケーションズ　☎0120-506-506（9:00～21:00）

ソフトバンクテレコム　☎0120-03-0061（9:00～21:00）

インターネットを使う

　滞在中のホテル、空港、カフェなど、海外でも多くの場所でインターネットが使用できるようになった。ホテルによっては、ロビーやビジネスセンターに宿泊者用にパソコンが置かれている。この場合、初期画面は現地の言語で表示されるのが一般的。ロビーなどに Wi-Fi エリアがあれば、手持ちのパソコンからの無線 LAN 接続が可能だ。

この近くにインターネットカフェはありますか。	Is there an Internet café around here?
このホテルではインターネットが使用できますか。	Can I use the Internet in this hotel?
お部屋の LAN ケーブルにお持ちのノートパソコンをつなげてお使いください。	You can connect your laptop to the LAN cable in the room.
お部屋のテレビでインターネットにアクセスできます。	You can access the Internet through the TV in your room.
パスワードには部屋番号をお使いください。	Please use your room number for the password.
日本語ソフトは入っていますか。	Has the Japanese software been installed?
１時間いくらで使用できますか。	How much does it cost per hour?
無線 LAN 接続はできますか。	Can I use the wireless high-speed Internet?

ファックスを送る

ファックスはホテルのフロントに頼めば送ってもらえる。送信料はファックス1枚なら電話2分前後の通話料金ですむため、経済的でビジネスユーズには最適だ。ファックス用紙にはホテルの電話番号とファックス番号、それに自分の部屋番号も忘れずに書いて送ろう。

日本にファックスを送りたいのですが。	I'd like to fax to Japan.
ファックス番号は何番ですか。	What is the fax number, please?
送信が終わったら教えてください。	Please tell me when the fax is transmitted.
流れましたか。	Has it gone through?
まだ送信されません。	It has not been transmitted yet.
後でもう一度流してください。	Could you try it again later?
返事が来たら知らせてください。	Please let me know when you get reply.
料金は部屋につけておいてください。	Please charge it to my room.

郵便を出す

　切手は郵便局のほかに、国によってはタバコ屋や自動販売機でも売っているので、日本までの郵便料金(postage)さえわかれば、絵はがきを出すくらいのことでわざわざ郵便局に行く必要はない。ホテルで頼めば投函もしてもらえる。宛名は日本語でよいが、最後に大きくJAPAN、BY AIRMAIL(航空便)と書く。ポストの色はイギリスは赤、フランスやドイツは黄、アメリカは紺で鷲のマークが目印だ。

はがき・封書

切手はどこで売っていますか。	Where can I buy stamps? ホウェア　キャナイ　バイ　スタンプス
日本まで航空便で絵はがきを出したいのですがいくらですか。	How much is it to send a ハウ　マッチ　イズ　イットゥ　センド　ア postcard to Japan by airmail? ポウストカード　トゥ　ジャパン　バイ　エアメイル
封書だといくらですか。	How about a letter? ハウ　アバウト　ア　レタ
40セントの切手を5枚ください。	Five 40 cents stamps, please. ファイヴ　フォーティ　センツ　スタンプス　プリーズ
日本に出す絵はがき5枚分の切手をください。	Stamps for five postcards to スタンプス　フォー　ファイヴ　ポウストカーヅ　トゥ Japan, please. ジャパン　プリーズ
記念切手はありますか。	Do you have any commemorative ドゥ　ユー　ハヴ　エニ　コメモレイティヴ stamps? スタンプス♪
航空便でお願いします。	By airmail, please. バイ　エアメイル　プリーズ
速達でお願いします。	By express mail, please. バイ　イクスプレス　メイル　プリーズ
(ホテルのフロントで)これを投函していただけますか。	Could you mail this for me? クッジュー　メイル　ズィス　フォー　ミー♪

小包み

この小包みを日本に送りたいのですが。	I'd like to send this parcel to Japan.
航空便[船便]で送ると日本に着くまで何日くらいかかりますか。	How long does it take to Japan by airmail [sea mail]?
航空便にしますか、それとも船便にしますか。	Airmail or sea mail?
航空便でお願いします。	Airmail, please.
中身は何ですか。	What is inside?
衣類[書籍]です。	Clothes [Books].
壊れ物です。	They are fragile.
これを印刷物扱いで送りたいのですが。	I'd like to send this as printed matter.
この小包に保険をかけたいのですが。	I'd like to insure this parcel.
最高補償金額はいくらですか。	What is the maximum coverage?
500ドルの保険をかけるのにはいくら払えばいいですか。	How much does it cost to insure this for 500 dollars?
この書類に記入してください。	Please fill out this form.

INFORMATION

旅先から気ままにエアメール

　旅先では、筆不精が筆まめに変身することも。絵はがきと切手を数枚買っておけば、気が向いたときに、気が向いた人に、手紙を送ることができる。飛行機の中で、街角のカフェで、日本にいる親しい人を想いながら書き綴ってみるのもいいものだ。日本へのエアメールなら、宛名はすべて日本語でOK。ただし最後にJAPAN、BY AIR MAIL と忘れずに書こう。切手は右上に。

　小包の宛名も書き方は同じだが、こちらには万一の紛失を考えて、差出人の名前と住所もローマ字で書いておくほうがいいだろう。本や雑誌など印刷物を送るときは、PRINTED MATTER（印刷物）と書けば割引料金になる。

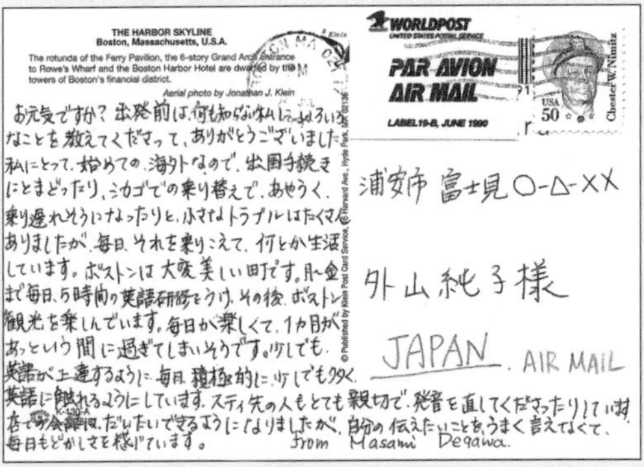

■便利な海外宅急便

　おみやげを買いすぎて持ち帰れないようなとき、買ったものが大きすぎて運べないようなときには、航空便の配達サービスを利用するという手もある。自分で梱包しなければならない小包と違い、荷造りや梱包もしてもらえ、着払いも可能、ホテルにも取りに来てくれるので便利だ。骨董品やワインなども送ることができ、万一の事故に備えて保険にも加入できる。そのほかクール宅急便、家具の輸送など、さまざまなサービスがある。詳細は世界各地に営業所を持つ日本の運送会社へ連絡を。

●日本での問い合わせ先

　ヤマト運輸　☎0800-919-5931
　DHLジャパン　☎0120-39-2580

電話・郵便編ワードマーケット

電話 | telephone

公衆電話	pay phone / 《英》public telephone
市内通話	local call
長距離通話	long-distance call
国際電話	international call
コレクトコール	collect call
クレジットコール	credit call
市外局番	area code
国番号	country code
国際電話識別番号	international access code
電話帳	telephone directory
職業別電話帳	the Yellow Pages
交換手	operator
内線	extension
受話器	receiver
硬貨投入口	coin slot
留守番電話	answering machine
携帯電話	cellphone
ポケットベル	pager / beeper
テレホンカード	telephone card
ファックス	fax / facsimile

郵便 | mail

郵便局	post office
ポスト	mailbox / 《英》pillar box
切手	stamp
住所	address
郵便番号	zip code / 《英》postcode
郵便料金	postage
(絵)はがき	postcard
封筒	envelope
便せん	letter paper
航空書簡	aerogram
航空便	airmail / air mail
船便	sea mail
書留	registered mail
速達	express
小包み	parcel
印刷物	printed matter
割れ物	fragile
差出人	sender
受取人	receiver
電報	telegram

PART 10

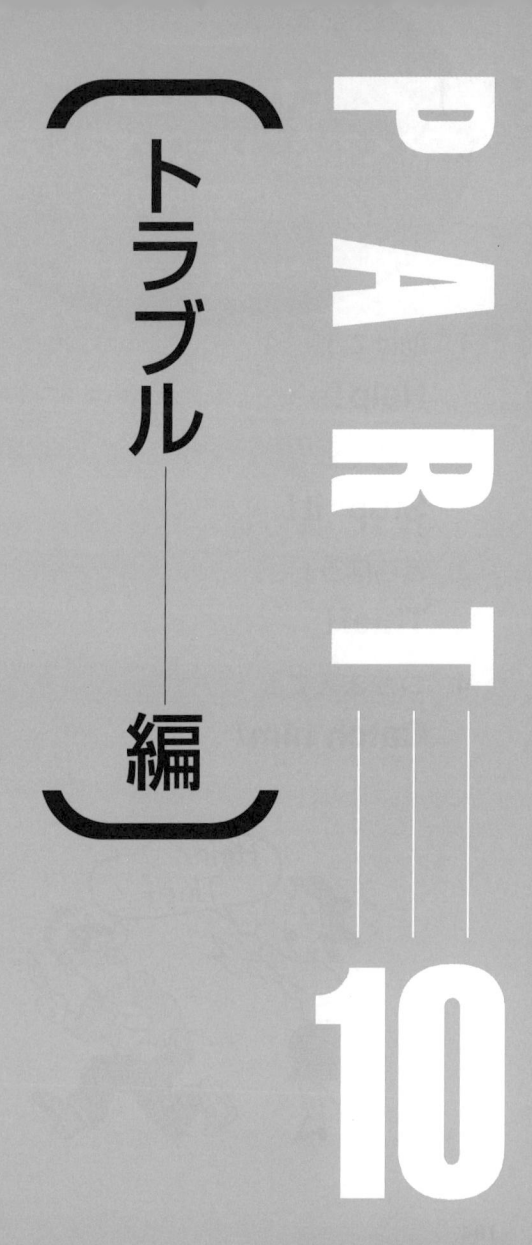

【トラブル編】

これだけでOK！
よくでるフレーズベストテン
[トラブル編]

……使わないことを祈ってます。

1. 助けて！

   Help!
   ヘルプ

2. やめて！

   Stop it!
   スタップ イット

3. どろぼう！

   Thief!
   スィーフ

4. つかまえて！

   Catch him!
   キャッチ ヒム

5. 警察を呼んで！

Call the police!

6. 財布を盗まれました。

My wallet was stolen.

7. パスポートをなくしました。

I lost my passport.

8. 気分が悪いんです。

I feel sick.

9. 医者[救急車]を呼んでください。

Please call a doctor [an ambulance].

10. 診断書を書いてください。

Please write a medical certificate.

> Please call an ambulance.

盗難

治安のよい国に住んでいる日本人は防犯意識が薄いため、とにかくよく狙われる。貴重品はホテルの部屋に置いたままにせず、セーフティボックスに預けてから出かけよう。特に地下鉄の中、ノミの市など人込みでは、バックの開け口は内側にして押さえて歩き、冬なら上にコートをはおるなどして自衛しよう。

盗まれたものを説明するには、〜 was stolen.（〜を盗まれました）という。保険請求のためには、警察の盗難証明書（certificate of theft）が必要だ。盗難証明書を出してもらうためにはいつ、どこで、どのような被害にあったのかを報告しなければならない。

財布を盗まれました。	My wallet was stolen.
地下鉄の中で財布をすられました。	I had my wallet pickpocketed in the subway.
いくら持っていたのですか。	How much money were you carrying?
現金でだいたい300ドルです。	About $300 in cash.
バッグをひったくられました。	My bag was snatched.
このソファーにバッグを置き、気がついたらなくなっていました。	I put my bag on this sofa and it was stolen when I realized.
バッグには財布とクレジットカードが入っています。	My wallet and credit cards are in the bag.
警察はどこですか。	Where is the police?
盗難証明書を作ってください。	Please make the certificate of theft.

INFORMATION
盗みの手口あれこれ

　地下鉄・バス・バザールでのスリ、空港やホテルでの置き引きなどのほかにも、海外ではさまざまな手口の盗みがある。多くの窃盗は組織的に行われているプロ集団によるもので実に見事。
　その手口をちょっと紹介すると・・・。

- **ケチャップマン・アイスクリームマン**
  服にケチャップやアイスクリームがついていますよと教え、気をそらしたすきに盗む。
- **ニセ警察**
  警察ですがと証明書を見せ、パスポートなどの貴重品を検査し、財布を調べながら手品師のように札を抜き取る。
- **ジプシーの子供**
  ヨーロッパに多い。子供数人で新聞紙を広げて取り囲み、貴重品を盗んで、パスをしながら走って逃げて行く。
- **オートバイ2人乗り**
  オートバイに乗った2人組が、通りを歩いている人のバッグをひったくって走り去って行く。
- **ニセ観光客**
  「カナダから来た観光客です」などと飲みに誘い、1軒目におごってくれ、2軒目で高い店に連れて行き、金を払わせる(店とグル)。
- **地下鉄ひっぱりの術**
  地下鉄の中でシャツを引っ張ったりして気をそらしたすきに、もう1人がポケットやポーチから盗む。

■**盗難にあわないためには**
- 街歩きにはシンプルな服装が一番。ブランドものはそこそこに。
- 多額の現金を持ち歩かない。欧米ではクレジットカードさえあれば多額の現金は不要だ。
- 貴重品はホテルのセーフティーボックスに預けてから出かけよう。
- ベルトポーチは危険。貴重品のありかが一目でわかり、犯罪を誘発する。
- 人込みではショルダーバッグは開け口を内側にして、手を添えて歩く。冬場はバッグの上からコートをはおるといい。

忘れ物

　忘れ物をしたらただちにその場所に戻って確認するのが当然だが、海外では一度なくしたものが出てくることはまれだ。いすを離れるとき、トイレに行くときには、たとえ短時間でも絶対に荷物を置いたままにしないこと。置き引きは保険でもカバーされない。

ここにカメラがありませんでしたか。	Did you see a camera here?
ホテルの部屋のクロゼットにコートを忘れました。	I left my coat in the closet of the hotel.
あるかどうか探してもらえませんか。	Could you check it, please?
遺失物係はどこですか。	Where is the Lost and Found?
夕べバッグをタクシーの中に置き忘れてしまいました。	I left my bag in a taxi last night.
どんなバッグですか。	What kind of bag is it?
茶色の革のショルダーバッグです。	It's a brown leather shoulder bag.
何が入っていますか。	What's in it?
100ドル入りの財布と、クレジットカードが2枚です。	A wallet with a hundred dollars and two credit cards.
この書類に記入してください。	Please fill out this form.
どのホテルに滞在していますか。	Which hotel do you stay?
見つかったら連絡してください。	Please let me know if you find it.

紛失と再発行

　パスポートを紛失したときは、警察で盗難証明書か紛失証明書を作ってもらい、そのほかの書類もそろえて日本大使館へ。直接日本に帰るだけなら1～2日で一時帰国証明書を作ってもらえるが、他国へ行く場合はパスポートそのものを再発行してもらわなければならないので数日必要だ。万一の紛失に備えて、クレジットカードの番号と緊急連絡先はあらかじめ控えを作り、パスポートや航空券はコピーをとっておくといい。（紛失・盗難の対処法は p.202参照）

パスポートの紛失

パスポートをなくしました。	I lost my passport.
日本大使館へ連絡したいのですが。	I'd like to contact with Japanese Embassy.
日本大使館の電話番号を調べてもらえますか。	Could you look up the phone number of Japanese Embassy?
どうやって行けばいいのですか。	How can I get there?
パスポートの再発行をしていただきたいのですが。	I'd like to have my passport reissued.
再発行には何日くらいかかりますか。	How long does it take to get it reissued?
再発行には何が必要ですか。	What do I need to have it reissued?
日本語の話せる人はいますか。	Is there anyone who can speak Japanese?

トラベラーズチェック・クレジットカードの紛失

トラベラーズチェックをなくしました。	I lost my traveler's checks.
再発行していただきたいのですが。	I'd like to have them reissued.
購入者控えを持っています。	I have my purchase agreement.
購入者控えもいっしょに盗まれました。	My purchase agreement was stolen with them.
これは使用記録です。	Here is my record of the checks.
(記録を指差しながら)ここまで使いました。	I have used them up to here.
署名欄には全部サインがしてありますが、カウンターサインはしていません。	All the checks have holder's signature but they are not countersigned.
再発行にはどのくらいかかりますか。	How long does it take to have them reissued?
クレジットカードを紛失しました。	I lost my credit card.
カードを無効にしてください。	I'd like to cancel my card number.
カード番号は0987-6543-2109です。	The card number is 0987-6543-2109.
至急代わりのカードを発行してもらえますか。	Could you issue me a replacement card right away?

INFORMATION
紛失・盗難の対処法

　パスポート、クレジットカードなど貴重品をなくしたり、盗まれてしまったときに、どうしたらいいのかをまとめてみた。

　パスポートの再発行には、警察の盗難証明書または紛失証明書が必要となる。警察に出向いて、いつ、どこで、どのような被害にあったかを報告し、レポートを作ってもらうのだ。あらかじめ、状況をメモしておくと便利だ。盗難証明書は保険請求にも必要になる。

紛失したもの	対処法
パスポート	まず警察に届け、盗難証明書（Certificate of theft）または紛失証明書（Certificate of loss）を作ってもらう。その後必要書類をそろえて日本大使館か領事館に届け出を。 〈再発行に必要な書類〉 ●一般旅券発給申請書2通（大使館で手に入る） ●写真2枚（4.5cm×3.5cm/パスポート用） ●警察の盗難［紛失］証明書 ●手数料 ●紛失旅券番号・発行年月日の控え 　（コピーがあれば持参） 〈一時帰国証明書〉 ●写真2枚 ●日本国籍を立証する書類（運転免許証などまたは、証言できる知人） ●手数料
トラベラーズチェック（T/C）	まず、T/Cの発行会社に連絡する。そのあとに購入控えを持ってカウンターに出向き、紛失したT/Cの番号を届け出て再発行してもらう。署名欄にサインがなかったり、カウンターサインをしてしまっていると、再発行されない。
クレジットカード	不正使用を防ぐためにただちにカード会社に連絡し、カードの使用を止めてもらう。再発行は会社によっても違うが、即日再発行してくれる会社もある。不正使用された場合の保険手続きには警察への被害届が必要になるので、警察へも届け出よう。

さまざまなトラブル

　旅行中には思わぬトラブルに見舞われることがある。カメラなど旅行に持って来た携行品を壊してしまったとき、自分の過失からホテルの備品を壊し損害賠償を請求されたときなどには、写真や支払った領収書などを添えて旅行保険の請求ができる。ツアーに参加している場合には添乗員に報告し第三者証明書を書いてもらい、請求時に添えるとよいだろう。

通りで人とぶつかって歩道に携帯電話を落としてしまいました。	I bumped into a stranger on the street and dropped my cellphone down on the pavement.
携帯電話はその衝撃で壊れました。	The cellphone was broken by the impact.
空港でスーツケースを受け取ったとき、ひび割れが生じていました。	I found a crack on the suitcase when I received at the airport.
骨董屋で高価なつぼを割ってしまいました。	I broke an expensive pot in the antique shop.
（バスルームのお湯をあふれさせ）ホテルの部屋を水浸しにしてしまいました。	I overflowed my room in the hotel.
部屋の損害に対して900ドル請求させていただきます。	We have to charge you 900 dollars for the damage of the room.
領収書に支払い理由を記入してください。	Please write down the detail of the payment in the receipt.
バーで酔っぱらいに殴られました。	A drunken man hit me in the bar.

病気になったら

旅行中に病気になったら、まずは滞在しているホテルのフロントに連絡しホテルの主治医を呼んでもらおう。町の中で急にケガをしたり発病したときは救急車(ambulance)を。ただし救急車は海外ではほとんどの国で有料だ。

気分が悪いのですが。	**I feel sick.** アイ フィール スィック
医者を呼んでください。	**Please call a doctor.** プリーズ コール ア ダクタ
病院に連れて行ってください。	**Please take me to a hospital.** プリーズ テイク ミー トゥ ア ハスピトル
救急車を呼んでください。	**Call an ambulance, please.** コール アン アンビュランス プリーズ
日本語のわかる医者はいますか。	**Is there any doctor who can speak Japanese?** イズ ゼア エニ ダクタ フー キャン スピーク ジャパニーズ♪
診療の予約をとっていただけますか。	**Could you make an appointment to see a doctor?** クッジュー メイク アン アポイントメント トゥ スィー ア ダクタ♪
できるだけ早くお願いします。	**As soon as possible, please.** アズ スーン アズ パスィブル プリーズ

病院で

痛みを説明するときは I have a pain here.（ここが痛みます）と言って患部を押さえるのが一番簡単だが、そのほか症状を細かく説明するための表現をまとめてみた。

治療費は本人払いが原則だが、旅行保険に加入していれば帰国後請求できるので、必ず診断書（medical certificate）と領収書（receipt）をもらっておこう。かかった病院が保険会社と提携している場合は、支払いを代行してもらえる。

症状を説明する──病気

どんな症状ですか。	How do you feel? ハウ ドゥ ユー フィール
ひどい頭痛がします。	I have a terrible headache. アイ ハヴ ア テリブル ヘデイク
腹痛がします／胃が痛みます。	I have a stomachache. アイ ハヴ ア スタマックエイク
胸が痛いのです。	My chest hurts. マイ チェスト ハーツ
歯[のど]が痛みます。	I have a toothache[sore throat]. アイ ハヴ ア トゥースエイク ソー スロウト
下痢[便秘]をしています。	I have diarrhea [constipation]. アイ ハヴ ダイアリーア カンスティベイション
吐き気がします。	I feel like throwing up. アイ フィール ライク スロウイング アップ
風邪をひいたようです。	I think I have a cold. アイ スィンク アイ ハヴ ア コウルド
熱があります。	I have a fever. アイ ハヴ ア フィーヴァ
寒気がします。	I feel chilly. アイ フィール チリ
めまいがします。	I feel dizzy. アイ フィール ディズィ
鼻づまりがします。	My nose is stuffy. マイ ノウズ イズ スタフィ

鼻水が止まりません。	I have a running nose.	アイ ハヴ ア ラニング ノウズ
せきが止まりません。	I keep coughing.	アイ キープ コーフィング
食欲がありません。	I have no appetite.	アイ ハヴ ノウ アピタイト

図解 Information

体の部分の名称

- 額 forehead フォアヘッド
- 頭 head ヘッド
- まゆ毛 eyebrow アイブラウ
- 目 eye アイ
- 耳 ear イア
- 頬 cheek チーク
- 親指 thumb サム
- 鼻 nose ノウズ
- のど throat スロウト
- 肩 shoulder ショウルダ
- あご chin チン
- 口 mouth マウス
- 指 finger フィンガ
- 手 hand ハンド
- つめ nail ネイル
- 胸 chest チェスト
- 腕 arm アーム
- 首 neck ネック
- 手首 wrist リスト
- ひじ elbow エルボウ
- へそ navel ネイヴル
- 腰 waist ウェイスト
- 腹 stomach スタマック
- 尻 buttocks バトックス
- 太もも thigh サイ
- 肌 skin スキン
- 背中 back バック
- 脚 leg レッグ
- ひざ knee ニー
- ふくらはぎ calf カフ
- 足 foot フット
- つま先 toe トウ
- くるぶし、足首 ankle アンクル

トラブル編

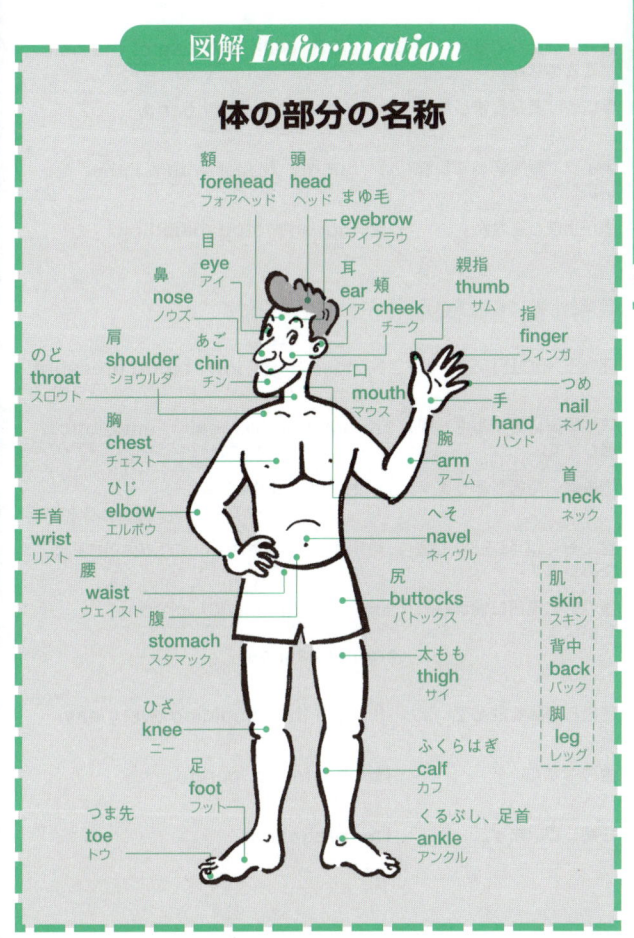

10 ■ 病院で

症状を説明する──けが

転んで脚を痛めました。	I was fell over and my leg got injured.
足首をねんざしました。	I have sprained my ankle.
痛みがひどくて歩くことができません。	I can't walk because of the pain.
手にやけどをしました。	I got burned my hand.
ナイフで指を切ってしまいました。	I cut my finger with a knife.
血が止まりません。	It doesn't stop bleeding.

体質・体の状態を説明する

高血圧[低血圧]です。	I have high [low] blood pressure.
抗生物質にアレルギーがあります。	I'm allergic to most antibiotics.
糖尿病の持病があります。	I have diabetes.
ぜんそく[心臓病]の持病があります。	I have asthma [heart disease].
慢性的に胃痛に悩まされています。	I'm in trouble with chronic stomachaches.
毎日この薬を飲んでいます。	I take this medicine every day.
生理中です。	I'm having a period.
妊娠しています。	I'm pregnant.

医師からの質問と指示

いつからその症状があるのですか。	When did you have the symptoms?
どこが痛みますか。	Where do you have a pain?
横になってください。	Lie down here, please.
うつ伏せ[仰向け]になってください。	Lie on your face [back], please.
シャツを脱いでください。	Take off your shirt.
深呼吸をしてください。	Take a deep breath.
口を開けてください。	Open your mouth.
舌を出してください。	Show me your tongue.
腕をまくってください。	Roll up your sleeve.
注射を打ちます。	I'll give you an injection.
血圧を計ります。	I'll check your blood pressure.
体温を計ります。	I'll check your temperature.
レントゲンをとります。	You'll have an X-ray examination.
血液[尿]の検査をします。	I'll examine your blood [urine].
食欲はありますか。	Do you have an appetite?
アレルギーはありますか。	Do you have any allergies?
常用の薬は何ですか。	What is your regular dose?

大したことはありません。	There's no need to worry.
2〜3日休養してください。	Take a good rest for a few days.
専門医に診てもらってください。	Go and see a specialist.
入院が必要です。	You need to be in hospital.
手術が必要です。	You need to have an operation.
酒、タバコは控えてください。	Please stop drinking and smoking.
この処方箋を持って薬局へ行き、薬を買ってください。	Take this prescription to a pharmacy and buy some medecine.

医師への質問と依頼

どこが悪いのですか。	What's wrong?
どのくらいで治りますか。	How long will it take to get over?
旅行は続けられますか。	Can I continue my trip?
どのくらい休養が必要ですか。	How long do I need to take a rest?
処方箋を書いてもらえますか。	Could you give me a prescription?
保険請求に必要なので診断書を書いてください。	Please write a medical certificate for my insurance.
領収書をください。	May I have a receipt, please?

薬局で

薬が必要な場合は、医者が診察の後で書いてくれる処方箋(prescription)を持って薬局(pharmacy;《米》drugstore;《英》chemist's)に行き、薬を買うというのが欧米のやりかた。医薬分業が徹底しているため、薬局では処方箋がなければ医者の扱う薬は買えないが、ビタミン剤やアスピリン、便秘薬など一部の薬は売っている。

この処方箋の薬をください。	Please fill this prescription.
アスピリンはありますか。	Do you have some aspirin?
処方箋なしで買えますか。	Can I have it without prescription?
せき止めの薬が欲しいのですが。	I'd like to have a cough medicine.
バンドエイドはありますか。	Do you have a Band-Aid?
生理用品は置いてありますか。	Do you have sanitary napkins?
この薬はどのように飲めばいいのですか。	How can I take this medicine?
毎食後に2錠ずつ服用してください。	Take two tablets after every meal.
6時間おきに服用してください。	Take this pill every six hours.
痛むときに1錠飲んでください。	Take one tablet when you have a pain.

交通事故

　万一事故が起きたら、心を落ち着け真っ先に負傷者の応急処置を。次に救急車と警察に連絡をし、必要に応じて保険会社やレンタカー会社にも電話を。アメリカは911、イギリスは999が緊急番号で、救急車と警察の両方に連絡できる。

　交通事故ではたとえ自分が悪くても、安易に I'm sorry. とは言わないこと。軽くすみませんと言ったつもりでも、自分の過失を認めたことになり、その後の責任を負わせられることにもなりかねない。事故でどちらが悪いかを決めるのは当事者ではなく、警察、裁判所、保険会社なのだ。

交通事故を起こしました。	I have had a traffic accident.
友人がけがをしています。	My friend is injured.
妹が車にはねられました。	My sister was hit by a car.
至急救急車をよこしてください。	Please send an ambulance right away.
場所はA40のウッドストックとオックスフォードの間です。	It is on A40, between Woodstock and Oxford.
動けません。	I can't move.
警察と救急車を呼んでください。	Please call the police and an ambulance.
レンタカー会社に連絡をしたいのですが。	I'd like to call the rent-a-car office.
後ろからその車が追突してきました。	The car hit mine from behind.
私には過失はありません。	It was not my fault.
事故証明書を書いてください。	Please write an accident certificate.

トラブル編ワードマーケット

盗難・紛失 | theft & loss

パスポート	passport パスポート
財布	purse パース
札入れ	wallet ワレット
トラベラーズチェック	traveler's check トラヴェラーズ チェック
クレジットカード	credit card クレディット カード
遺失物取扱所	the lost and found (office) ザ ロースト アンド ファウンド オーフィス
泥棒	thief スィーフ
スリ	pickpocket ピックパケット
ひったくり	snatcher スナッチャー
目撃者／証人	witness ウィットネス
日本大使館	Japanese Embassy ジャパニーズ エンバスィ
警察	police ポリース
盗難証明書	certificate of theft サティフィケット オヴ セフト
再発行	reissue リイシュー

事故 | accidents

事故	accident アクスィデント
交通事故	traffic accident トラフィック アクスィデント
衝突事故	collision コリジョン
けが	injury インジュアリ
けが人	injured [wounded] person インジュアド ウーンディド パースン
重傷	serious injury スィアリアス インジュアリ [wound] ウーンド
軽傷	slight injury スライト インジュアリ [wound] ウーンド
救急車	ambulance アンビュランス
救急病院	emergency hospital イマージェンスィ ハスピタル
事故証明書	certificate of accident サティフィケット オヴ アクスィデント
ナンバープレート	license plate ライセンス プレイト
運転免許証	driver's license ドライヴァーズ ライセンス
保険会社	insurance company インシュアランス カンパニ
緊急	emergency イマージェンスィ

病院・病気一般

病院	hospital ハスピタル
医者	doctor ダクタ
患者	patient ペイシェント
予約	appointment アポイントメント
痛み	pain ペイン
症状	symptom スィンプタム
治療	treatment トリートメント
手術	operation アペレイション
入院	hospitalization ハスピタリゼイション
保険	insurance インシュアランス
医療保険	medical insurance メディカル インシュアランス

診断書	medical certificate メディカル サティフィケット	尻	buttocks バトックス
領収書	receipt リスィート	腕	arm アーム
処方箋	prescription プリスクリプション	ひじ	elbow エルボウ
薬	medicine メディスン	手	hand ハンド
薬局	pharmacy / ファーマスィ 《米》drugstore / ドラッグストー 《英》chemist's ケミスツ	手首	wrist リスト
		指	finger フィンガ
		足	foot フット

体 | body

頭	head ヘッド	脚	leg レッグ
額	forehead フォーヘッド	太もも	thigh サイ
目	eye アイ	ひざ	knee ニー
耳	ear イア	ふくらはぎ	calf キャフ
鼻	nose ノウズ	足首	ankle アンクル
口	mouth マウス	かかと	heel ヒール
舌	tongue タング	足指／つまさき	toe トゥ
歯	tooth トゥース	足の裏	sole ソウル
首	neck ネック		

臓器・その他の器官

のど	throat スロウト
肩	shoulder ショウルダ
胸	chest チェスト
胃／腹	stomach / belly スタマック ベリー
へそ	navel ネイヴル
背中	back バック
腰	waist ウェイスト
皮膚	skin スキン
血液	blood ブラッド
血管	blood vessel ブラッド ヴェスル
筋肉	muscle マスル
骨	bone ボウン
背骨	backbone バックボウン
関節	joint ジョイント
心臓	heart ハート

肝臓……………liver
　　　　　　リヴァ
腎臓……………kidney
　　　　　　キドニー
肺………………lung
　　　　　　ラング
腸………………bowels
　　　　　　バウエルズ
膀胱……………bladder
　　　　　　ブラダ

病気・症状・けが

風邪……………cold
　　　　　　コウルド
インフル………influenza / flu
エンザ　　　インフルエンザ　フルー
へんとう………tonsillitis
せん炎　　　　タンサライタス
気管支炎………bronchitis
　　　　　　ブランカイティス
心臓病…………heart disease
　　　　　　ハート　ディズィーズ
糖尿病…………diabetes
　　　　　　ダイアビーティーズ
ぜんそく………asthma
　　　　　　アズマ
神経痛…………neuralgia
　　　　　　ニュアラルジャ
リューマチ……rheumatism
　　　　　　リューマティズム
貧血症…………anemia
　　　　　　アニーミア
高血圧症………hypertension
　　　　　　ハイパテンション
低血圧症………hypotension
　　　　　　ハイポウテンション
アレルギー……allergy
　　　　　　アラジ
肺炎……………pneumonia
　　　　　　ニューモウニア
肝炎……………hepatitis
　　　　　　ヘパタイタス
胃炎……………gastritis
　　　　　　ギャストライタス
胃潰瘍…………gastric ulcer
　　　　　　ギャストリック　アルサ
盲腸炎…………appendicitis
　　　　　　アペンダサイティス

日射病…………sunstroke
　　　　　　サンストロウク
伝染病…………contagious disease
　　　　　　コンテイジャス　ディズィーズ
コレラ…………cholera
　　　　　　カレラ
腸チフス………typhoid fever
　　　　　　タイフォイド　フィーヴァ
ガン……………cancer
　　　　　　キャンサ
中耳炎…………otitis media
　　　　　　オウタイタス　ミーディア
鼻炎……………rhinitis
　　　　　　ライナイタス
消化不良………indigestion
　　　　　　インディジェスション
食中毒／………food poisoning
食あたり　　フード　ポイズンニング
下痢……………diarrhea
　　　　　　ダイアリーア
はしか…………measles
　　　　　　ミーズルズ
じんましん……hives
　　　　　　ハイヴズ
破傷風…………tetanus
　　　　　　テタナス
ねんざ…………sprain
　　　　　　スプレイン
打撲……………bruise
　　　　　　ブルーズ
骨折……………fracture
　　　　　　フラクチャ
やけど…………burn
　　　　　　バーン
切り傷…………cut
　　　　　　カット
虫さされ………bug bite
　　　　　　バッグ　バイト
鼻血……………nosebleed
　　　　　　ノウズブリード

医者 | doctor

内科医…………physician
　　　　　　フィズィシャン
外科医…………surgeon
　　　　　　サージョン
歯科医…………dentist
　　　　　　デンティスト

日本語	English (カタカナ)
眼科医	ophthalmologist / アフサルマラジスト eye doctor アイ ダクタ
耳鼻(咽喉)科医	otolaryngologist / オゥトウラリンガラジスト ear, nose, and throat doctor イア ノウズ アンド スロウト ダクタ
小児科医	pediatrician / baby [child] doctor ピーディアトリシャン ベイビ [チャイルド] ダクタ
婦人科医	gynecologist ガイナカラジスト

治療・検査に必要な言葉

体温	temperature テンパラチャ
呼吸	breath ブレス
脈拍	pulse パルス
血圧	blood pressure ブラッド プレシャ
検査	physical examination フィズィカル イグザミネイション
尿	urine ユアリン
便	stool ストゥール
注射	injection インジェクション
レントゲン	x-ray エックスレイ

薬 | medicine

薬局	pharmacy / ファーマスィ 《米》drugstore / ドラッグストー 《英》chemist's (shop) ケミスツ シャップ
薬	medicine メディスン
食前	before meals ビフォー ミールズ
食後	after meals アフタ ミールズ
1日〜回	〜 times a day タイムズ ア デイ
〜時間おきに	every 〜 hours エヴリ アウアズ
大さじ1杯	one tablespoonful ワン テイブルスプーンフル
小さじ1杯	one teaspoonful ワン ティースプーンフル
丸薬	pill ピル
錠剤	tablet タブレット
カプセル	capsule キャプスル
粉薬	powder パウダ
うがい薬	gargle ガーグル
かぜ薬	cold medicine コウルド メディスン
せき止め	cough medicine コーフ メディスン
鎮痛剤	painkiller ペインキラ
解熱剤	antipyretic アンティパイレティック
アスピリン	aspirin アスピリン
抗生物質	antibiotics アンティバイアティックス
頭痛薬	headache medicine ヘデイク メディスン
胃腸薬	stomach medicine スタマック メディスン
下痢止め	antidiarrhea アンティダイアリーア
便秘薬	laxative ラクサティヴ
睡眠薬	sleeping pills スリーピング ピルズ
目薬	eye drops アイ ドラップス
消毒薬	disinfectant ディスインフェクタント
湿布	compress カンプレス
包帯	bandage バンティジ
軟膏	ointment オイントメント

PART 11

【帰国編】

これだけでOK！よくでるフレーズベストテン [帰国編]

1. リコンファームをしたいのですが。

   I'd like to reconfirm.
   アイド ライク トゥ リーコンファーム

2. 名前は松田節子、5月15日の123便、成田行きです。

   My name is Setsuko Matsuda, flight 123 for Narita on May 15th.
   マイ ネイム イズ セツコ マツダ フライト ワントゥースリー フォー ナリタ オン メイ (ザ)フィフティーンス

3. 出発時刻を確認したいのですが。

   I'd like to confirm the departure time.
   アイド ライク トゥ コンファーム ザ ディパーチャ タイム

4. 何時までにチェックインしなければなりませんか。

   By what time do I have to check in?
   バイ ホワッタイム ドゥ アイ ハフトゥ チェック イン

5.	ユナイテッド航空のカウンターはどこですか。

Where is the United Airlines counter?
ホウェアリズ　ザ　ユナイティド　エアラインズ　カウンタ

6.	チェックインをお願いします。

Check in, please.
チェック　イン　プリーズ

7.	窓側[通路側]の席にしてください。

A window [An aisle] seat, please.
ア　ウィンドウ　アナイル　スィート　プリーズ

8.	定刻の出発ですか。

Will it leave on time?
ウィル　イット　リーヴ　オン　タイム

9.	搭乗口は何番ですか。

What is the gate number?
ホワット　イズ　ザ　ゲイト　ナンバ

10.	搭乗時刻は何時ですか。

What is the boarding time?
ホワット　イズ　ザ　ボーディング　タイム

リコンファーム（予約の再確認）

　予約してある飛行機に必ず乗ることを航空会社に知らせるのがリコンファーム（予約の再確認）。帰国便は出発時刻の72時間前までにすませておくのが原則で、これをしないと、ピークシーズンなどキャンセル待ちの乗客がいるシーズンには、予約が取り消されてしまうこともあるので要注意だ。

　リコンファームの必要のない航空会社もあるので、出発時に必要かどうかを確認しておきたい。ツアーに参加している場合は旅行会社が行うので、自分でやる必要はない。

もしもし、ユナイテッド航空ですか。	Hello, United Airlines?
リコンファームをしたいのですが。	I'd like to reconfirm my reservation.
お名前と便名、出発日をお願いします。	Your name, flight number, and the date, please.
名前は岡幸雄、8月14日の125便、成田行きです。	My name is Yukio Oka, flight 125 for Narita on August 14th.
お名前はどう綴ればよいですか。	How do you spell your name?
Y、U、K、I、O、ユキオ、O、K、A、オカ。	Y, U, K, I, O, YUKIO, O, K, A, OKA.
リコンファームできました。	OK. It's reconfirmed.
出発時刻を確認したいのですが。	I'd like to confirm the departure time.
どの空港から出発しますか。	Which airport am I leaving from?

何時までにチェックインしなければなりませんか。	By what time do I have to check in?
	バイ ホワッタイム ドゥ アイ ハフ トゥ チェック イン

帰国編

INFORMATION
帰国の準備をしよう

■**帰国便の予約の再確認（リコンファーム）**

忘れてはならないのが、乗る飛行機の予約再確認（リコンファーム）だ。72時間前までにしておくのが原則だが、最近はリコンファームの不要な航空会社も増えているので、出発時にあらかじめ確認しておこう。

リコンファームのやり方は、電話でするか、航空券を航空会社のカウンターに持参して行うかのどちらか。その際、出発の空港名、ターミナル名も確認しておこう。団体旅行の場合は旅行会社が行うので不要だ。

■**荷物の整理とパッキング**

前日までに荷物をまとめよう。割れ物は安全のために手荷物に。高額の買い物をして免税分の払い戻し手続きのある人は、国によって空港の税関で見せる必要があるので、書類といっしょに手荷物にしておく。荷物が増えたときは、郵便局から小包みで送る、航空会社の貨物部から別送品手荷物として送る、宅急便で送るといった方法がある（海外宅急便の連絡先についてはp.191参照）。

■**空港への交通手段の確認**

エアポートバスなどの交通手段を調べておこう。都市によっては空港が複数あったり、目的地によってターミナルが分かれている場合がある。リコンファームの際、空港名とターミナルを確認しておき、間違いのないように空港へ行き着こう。

■**余った通貨はどうするの？**

団体旅行の人は出発前までに使いきってしまい、空港での買い物があればクレジットカードでするのがベストだが、個人旅行の人は、何が起こるかわからないので、空港に行くまでの交通費以外にも多少手持ちの現金を残しておいたほうがいい。余った現地通貨は空港の銀行で両替したり、空港内の免税店などで使える。コインは国外では両替できなくなるので、使いきってしまうか、空港にあるユニセフなどの募金箱へ。

11 ── リコンファーム（予約の再確認）

予約の変更

予定している飛行機の予約を変更しなければならなくなったら、できるだけ早く航空会社に連絡し新しい予約を入れよう。格安航空券では帰国便の変更ができないFIXチケットが多いが、日本への帰国便は変更できなくても途中の都市間の便の変更はできるチケット、全区間変更できないチケットなどいろいろあるので購入時によく確認しておきたい。

予約の変更をお願いします。	I'd like to change my reservation.
どの便をご予約ですか。	Which flight did you reserve?
7月3日のパリ行き135便を予約しています。	I reserved BA135 to Paris on July 3rd.
どの便にお乗りになりたいのですか。	Which flight would you like to take?
7月1日の同じ便に変更したいのですが。	I'd like to take the same flight on July 1st.
あいにく満席です。	I'm afraid all the seats are already booked up.
夕方の便になら空きがありますが。	There are some seats available for the evening flight.
それにしてください。	I'll take it.
便名は140便、出発時刻は夕方6時です。	Your flight number is 140, departure time is six in the evening.

チェックインと免税手続き

空港に着いたら、まず自分の乗る航空会社のカウンターへ。入口のテレビモニターでチェックインカウンターの場所を確認しよう。

カウンターが見つかったらそこでパスポートとともにEチケット控えを提示し、荷物を預ける。スタッフから搭乗券(boarding pass)と荷物引換証(claim tag)をもらえば、出発準備完了。空港使用税(airport tax)を支払う必要のある国もあるので確認しよう。

デルタ航空のカウンターはどこですか。	Where is the Delta Airlines counter? ホウェアリズ ザ デルタ エアラインズ カウンタ
チェックインをお願いします。	I'd like to check in. アイド ライク トゥ チェック イン
何番ゲートからの出発ですか。	What is the gate number? ホワット イズ ザ ゲイト ナンバ
搭乗時刻は何時ですか。	What is the boarding time? ホワット イズ ザ ボーディング タイム
空港使用税を支払う必要がありますか。	Do I have to pay the airport tax? ドゥ アイ ハフ トゥ ペイ ズィ エアポート タックス ♪
出国カードは必要ですか。	Do I need an embarkation card? ドゥ アイ ニード アン エンバーケイション カード ♪
出国審査はどこですか。	Where is the immigration? ホウェアリズ ズィ イミグレイション
税関はどこですか。	Where is the Customs? ホウェアリズ ザ カスタムズ
この列は免税手続きをするための列ですか。	Is this line for the tax-free refund? イズ ズィス ライン フォー ザ タックスフリー リファンド
買った商品と(免税)書類を見せてください。	Show me the goods you purchased and documents, please. ショウ ミー ザ グッツ ユー パーチャスト アンド ダキュメンツ プリーズ
税金はどのくらい戻ってきますか。	How much do I get the refund? ハウ マッチ ドゥ アイ ゲット ザ リファンド
いつ銀行に振り込まれるのですか。	When will it be transferred to my bank? ホウェン ウィル イット ビー トランスファード トゥ マイ バンク

帰国編ワードマーケット

航空券	air ticket	エア ティケット
予約の再確認をする	reconfirm	リーコンファーム
便名	flight number	フライト ナンバ
出発	departure	ディパーチャ
国際線	international flight	インタナショナル フライト
国内線	domestic flight	ドメスティック フライト
出発ラウンジ	departure lounge	ディパーチャ ラウンジ
チェックインカウンター	check-in counter	チェックイン カウンタ
乗客	passenger	パセンジャ
搭乗券	boarding pass [card]	ボーディング パス カード
搭乗ゲート	boarding gate	ボーディング ゲイト
搭乗時刻	boarding time	ボーディング タイム
荷物	baggage	バゲッジ
(荷物の)スルーチェック	through check	スルー チェック
荷物引換証	claim tag	クレイム タッグ
飛行時間	flying time	フライング タイム
到着時間	landing time	ランディング タイム
空港使用税	airport tax	エアポート タックス
税関	customs	カスタムズ
出国審査	immigration	イミグレイション
安全検査	security check	スィキュリティ チェック
遅れている	delayed	ディレイド
欠航である	be canceled	ビー キャンセルド
オーバーブッキング	overbooking	オウヴァブッキング

外山純子（とやま じゅんこ）

静岡県出身。早稲田大学教育学部卒業。英国のオックスフォードに3年間暮らし、語学学校のコーディネーターを務めるかたわらヨーロッパ、アフリカなど各地を旅する。帰国後旅行会社勤務を経て旅行ライターに。世界90カ国以上という渡航歴を生かし、雑誌や業界誌に旅行記事を紹介している。現役のツアーコンダクターでもあり、世界を飛び回る日々を送る。著書に『自由自在トラベル英会話』、『自由自在はじめての海外旅行』（ともに日本文芸社）、『旅の英会話』、『海外ショッピングの英語』（ともにNOVA）、『ブダペスト旅物語』（東京書籍）、『クロアチア、スロベニア、ボスニア・ヘルツェゴヴィナ、モンテネグロ』、『ブルガリア』（ともに日経BP）などがある。

改訂新版
これで充分トラベル英会話

著者
外山純子

発行者
中村 誠

DTP
株式会社キャップス

印刷所
図書印刷株式会社

製本所
図書印刷株式会社

発行所
株式会社 日本文芸社

〒101-8407　東京都千代田区神田神保町1-7
TEL.03-3294-8931[営業]、03-3294-8920[編集]

＊

©2010　Junko Toyama　Printed in Japan
ISBN978-4-537-20841-2
112100805-112170804 (N) 09
編集担当・三浦
URL　http://www.nihonbungeisha.co.jp

乱丁・落丁本などの不良品がありましたら、小社製作部宛にお送りください。
送料小社負担にておとりかえいたします。
法律で認められた場合を除いて、本書からの複写・転載は禁じられています。